KB096788

청소년을 위한
리걸마인드수업

청소년을 위한 리걸 마인드 수업

초판 1쇄 2021년 12월 28일
초판 2쇄 2022년 6월 10일
지은이 류동훈 | **편집** 복지욱림 | **본문디자인** 운용 | **제작** 제이오
펴낸곳 지노 | **펴낸이** 도진호, 조소진 | **출판신고** 제2019-000277호
주소 경기도 고양시 일산서구 중앙로 1542, 653호
전화 070-4156-7770 | **팩스** 031-629-6577 | **이메일** jinopress@gmail.com

© 류동훈, 2021
ISBN 979-11-90282-36-9 (43360)

청소년을 위한
리걸 마인드 수업

시민력을 기르는 법 이야기

류동훈
지음

나연, 현우에게

법조인처럼 생각하라

리걸 마인드legal mind란 무엇일까요. 간단히 해석하면 '법률적 방법으로 생각하는 능력' 정도가 될 것입니다. 그럼 '법률적 방법'이란 무엇일까요. 법조인이라는 직업의 특수한 기술입니다. 법조인의 특수한 사고방식이지요. 모든 직업이 다 그러하듯이 이 특수한 기술의 습득 역시 하루아침에 가능한 일은 아닙니다. 그러나 '태도가 사실보다 중요'하지요. 그 얼개를 파악해서 큰 그림을 그려볼 수 있다면 목표로 하는 그곳에 더 가까이 다가갈 수 있을 것입니다.

그럼 법률적 방법으로 생각하려면 어떻게 해야 할까요. '법조인처럼' 생각해야 합니다. 그리고 법조인처럼 생각하려면 먼저 '역사가'가 되어야 합니다.

'역사가historian'의 법적 사고는 보통 과거의 사실관계를 전제로 하지요. 역사적 사실을 객관적인 자료에 의해 분명하게 분석하고 그 분석된 결과물들을 종합하여 정확하게 판단할 수 있어야 합니다. 표면적으로 드러난 것에 현혹되지 않고 그 안에 있는 본질을 통찰할 수 있어야 하지요.

이 과정에서 '편파성'에 빠지는 것을 주의해야 합니다. 동일한 현상을 두고도 어느 쪽의 관점을 갖는가에 따라 그 분석결과와 판단은 달라질 수 있기 때문입니다. 대상이 되는 사실관계로부터 일정한 거리를 두고 여러 방면에서 관찰할 수 있어야 합니다. 자신에게 유리한 것만 강조해서도, 보고 싶은 것만 골라 보아서도 안 됩니다.

그리고 '논리가logician'가 되어야 합니다. 역사가로서 판단한 사실관계에 법적 지식을 적용하는 것이지요. 법에서 정한 요건과 효과, 나아가 관련 절차에 대한 정확한 지식을 습득해야 합니다. 사실조사, 분석과 추론. 하지만 지식과 기술만으로는 부족하지요. 그것은 '법률기술자'에 불과합니다.

논리를 판단하는 기준은 개별 사건마다 구체적 타당성을 도출할 수 있어야 합니다. 논리의 기준은 유연해야 하지요. 그러기 위해 '법은 무엇인가'라는 문제와 동시에 '정의란 무엇인가'라는 문제에 대해 생각할 수 있어야 합니다.

미국의 유명한 변호사이자 정치인인 대니얼 웹스터는 "정의가 인류 최대의 관심사"라고 하였습니다. 정의justice가 무엇인지 완전히 이해하기는 힘들겠지요. 하지만 분명한 것은 정의란 그대로 내버려둬서는 절대 스스로 이루어지지 않는다는 것입니다.

하늘이 무너져도 정의는 세워라.
Fiat justitia, ruat caelum.

라틴어 법언입니다. 정의는 불의에 맞서 그것을 수정하려는 인류의 노력이라는 것을 분명히 드러내고 있습니다. 그 노력의 정도가 정의의 가치를 결정할 것입니다.

법조인처럼 생각하라. 이는 단순히 지적 기술의 연마를 말하는 것이 아닙니다. 잘 파악된 사실관계에 오류 없는 법적 논리의 적용을 말하는 것만이 아니지요. 형식적 법률의 개념놀이에 심취하여 현실과 맞지 않는 동떨어진 판단을 하는 것을 경계해야 합니다.

그 진정한 의미는 인간에 대한 이해의 폭을 넓혀 경직된 사고의 틀에서 벗어나 지성과 감성을 통합시키는 것입니다. 냉철한 분석력과 인간에 대한 연민을 바탕으로 정의라고 생각하는 것을 실천하는 용기입니다.

법은 사람에서 나와 사람에 의해 움직입니다. 법을 움직이는 사람이 어떠한 사람이냐에 따라 법의 의미와 쓸모는 달라질 수 있지요. 아무리 잘 갖추어진 법이라도 그것을 움직이는 사람이 법의 이념을 바르게 판단하지 못한다면 정의실현이라는 법의 목적을 달성할 수 없습니다. 반면에 그 사람이 법의 사명을 스스로 깨닫고 그것을 이루려는 의지를 가졌다면 구시대적 법을 적용할 수밖에 없더라도 정의를 실현해 법에 대한 국민의 신뢰가 굳건해질 것입니다. 법을 움직이는 사람이라면 정의, 공정성, 인간의 가치에 대해 확고한 신념을 가져야 합니다. 그것이 리걸 마인드의 기본이고, 리걸 마인드를 갖출 수 있는 방법입니다.

이 책은 약간의 법적 지식과 아주 약간의 법적 정의에 대해 얘기하고 있습니다. 그러나 지극히 본질적이어서 법과 정의 그리고 리걸 마인드를 이해하는 데 빼놓을 수 없는 것들입니다. 기본 3법이라고 불리는 헌법, 민법, 형법의—보통 헌·민·형이라 하지요—바탕이 되는 기본내용을 담고자 했습니다. 이 책은 법학을 가장한 사회학, 정치학을 담고 있지 않습니다. 우리의 피부에 맞닿은 살아 있는 법의 이념, 그 이론과 실제의 모습을 담고 있습니다.

자, 이제 손을 뻗어 다음 페이지를 넘겨볼까요. 법의 생생한 얼굴을 마주할 차례입니다.

차례

1
그 훈장을 묻기 전까지

새로 만든 법으로
과거의 일을 처벌할 수 있을까

1979년 12월 12일 전두환, 노태우 등 신군부 세력은 박정희 대통령이 암살된 불안한 정국을 틈타 제2의 군사 쿠데타*를 일으켰습니다. 무력으로 정치권을 장악한 것이지요. 이것을 '12·12 군사반란'이라고 합니다.

그러나 국민들은 국민이 나라의 주인이 되는 것, 즉 '민주화'를 열망하고 있었습니다. 그 열망은 매일같이 신군부를 규탄하는 집회로 이어졌지요. 이러한 민주화 열풍은 대학가를 중심으로 점차 거세졌습니다. 바야흐로 '서울의 봄'이었습니다.

그러자 신군부는 1980년 5월 17일 전국으로 비상계엄령을

● 제1의 군사 쿠데타는 박정희가 일으킨 1961년 '5·15 군사정변'이지요.

확대했습니다. 집회나 시위를 전면 금지했고 모든 대학교에 휴교령을 선포하고 군부대를 주둔시켰지요. 반대파 정치인을 모두 잡아들이고 국회를 점령했습니다. 기어이 쿠데타를 완성하고 서울의 봄을 끝낸, '5·17 내란'이었습니다.

다음 날인 5월 18일, 전남과 광주 일원에서 국민의 마지막 저항이 일어났습니다. 민주주의를 요구하며 전두환의 군사독재에 저항해 분연히 맞서 싸운 '5·18 민주화운동'입니다. 하지만 시민들은 전차와 기관총으로 무장한 계엄군에게 상대가 되지 못하였지요. 공권력은 무고한 시민을 상대로 무자비한 폭력을 휘둘렀습니다. 그로 인해 4,000명에 가까운 사람이 목숨을 잃거나 다치고 실종되었지요. 이루 말할 수 없이 참혹한 일이었습니다. 가수이자 시인인 정태춘 님은 이를 두고 다음과 같이 노래 불렀습니다.

무엇을 보았니 아들아
나는 깃발 없는 진압군을 보았소
무엇을 들었니 딸들아
나는 탱크들의 행진 소리를 들었소
아, 우리들의 오월은 아직 끝나지 않았고
그날 장군들의 금빛 훈장은
하나도 회수되지 않았네

이후 전두환은 대통령이 되었습니다. 계엄군에게는 민주화 운동을 진압한 공로로 훈장이 내려졌지요. 그리고 그들의 범죄는 '공소시효'가 완성되었습니다.

'공소시효가 완성되었다.'

'공소'란 범죄를 저질렀다고 의심되는 자를 처벌해달라며 검사가 법원에 심판을 요구하는 소송행위입니다. 검사가 공소를 제기한다는 것은 검사의 수사가 끝나며 동시에 그에 대한 법원의 심판이 시작된다는 것을 의미하지요.

하지만 이러한 공소에도 '유효기간'이 있습니다. 유효기간 동안 공소를 제기하지 않으면 검사의 공소권은 소멸하지요. 그 유효기간을 '공소시효'라고 합니다. 즉 검사는 공소시효가 완성되면 더 이상 공소를 제기할 수 없습니다. 더 이상 범인을 처벌할 수 없는 것입니다. 공소가 제기되지 않고 흐른 오랜 시간을 존중해주자는 것이지요. 범인은 이미 오랜 시간 도망 다니느라 처벌받은 것과 같은 상태가 되기 때문이라고도 하고요.

그사이 노태우가 전두환의 배턴을 받아 대통령이 되었습니다. 그는 전두환과 함께 12·12 군사반란을 주도한 자였지요.

오랜 군사정권은 김영삼이 대통령으로 선출되며 비로소 종식되었습니다. 이른바 문민정부(군이 아닌 민간인 출신이 대통령이 되는 정부)가 들어선 것입니다. 그제야 5·18 민주화운동에 대한 무력 진압의 참상을 밝힐 수 있게 되었습니다. 공소시효가 이미 완성된 후에야 말입니다.

관련자들을 처벌해야 한다는 범국민적 서명운동이 일어났습니다. 전두환, 노태우가 대통령을 하는 동안 그들에 대한 공소제기가 불가능했으니 그들의 대통령 재임기간 동안에는 공소시효가 '정지'된다는 것이었지요. 그렇다면 그들에 대한 공소시효는 아직 완성되지 않은 것이 됩니다.

혹자는 말했지요. "성공한 쿠데타는 처벌할 수 없다"고. 과연 그럴까요? 오랜 진통 끝에 마침내 염원하던 '5·18 민주화운동 등에 관한 특별법'이 제정되었습니다. 그 내용은 다음과 같습니다.

1979년 12월 12일과 1980년 5월 18일을 전후하여 발생한 헌정질서 파괴범죄와 반인도적 범죄에 대하여 1993년 2월 24일까지 공소시효의 진행이 정지된 것으로 본다.

5·18 민주화운동을 진압한 것이 공로로 인정되어 받은 상훈은 서훈을 취소하고 훈장 등을 환수한다.

1993년 2월 24일은 노태우의 대통령 임기 마지막 날입니다.

전두환, 노태우가 대통령일 때까지는 그들에 대해 공소를 제기할 수 없는 장애사유가 있다고 본 것이지요. 공소시효는 아직 완성되지 않았습니다. 이제 그들을 나란히 법정에 세울 수 있었습니다.

그러나 전두환, 노태우는 5·18 특별법이 위헌이라고 주장했습니다. 이미 공소시효가 완성된 범죄에 대해 새롭게 법을 만들어 다시 처벌할 수 있게 하는 것은, 더 이상 처벌되지 않으리라 믿었던 자신들의 합리적인 신뢰를 침해하여 헌법을 위반한 무효라고 말이지요. 그들의 주장은 반만 맞았습니다.

'법치주의'는 우리 헌법의 기본원리 중 하나입니다. 제멋대로의 폭력적인 지배가 아니라, 국민의 뜻에 따라 만들어진 '법에 의한 지배'라는 것이지요. 네, 맞습니다. 법치국가는 국민의 믿음, 신뢰를 보호해야 하지요. 대한민국헌법 제13조 제1항 전단은 다음과 같이 말하고 있습니다.

모든 국민은 행위시의 법률에 의하여 범죄를 구성하지 아니하는 행위로 소추되지 아니한다.

당시에는 범죄가 아니었던 행동을 나중에 범죄가 되는 것으로 법을 만들어 소급(과거로 거슬러 올라가 영향을 미친다는 뜻) 처벌할 수 없다는 '형벌불소급의 원칙'이지요. 국민이 현재의 법적상태나 제도가 앞으로도 계속될 것이라고 합리적으로 신뢰하여 그것을 바탕으로 개인의 법적 지위를 형성했다면, 국가는 그와 같은 국민의 신뢰를 보호해야 한다는 '신뢰보호의 원칙'을 천명하고 있는 것입니다.

하지만 법과 정의란 그리 간단치가 않지요. 국민이 국가의 공권력 행사에 대해 가지는 모든 신뢰가 절대적으로 보호되는 것은 아니랍니다. 국민이 그 소급입법을 예상할 수 있었거나 법적 상태가 불확실하고 혼란스러워서 보호할 만한 신뢰이익이 적은 경우라면, 소급입법으로 국민의 피해가 없거나 아주 약한 반면에 소급입법을 정당화할 중대한 공익상의 사유가 있다면, 예외적으로 소급입법을 허용하여도 '실질적' 법치국가 원리에 어긋나지 않는다고 볼 수 있습니다.

5·18 특별법은 어떨까요. 다음은 그 위헌 여부를 판단한 헌법재판소의 결정문 중 일부입니다.

이 사건 헌정질서파괴범들의 공소시효 완성에 대한 신뢰를 보호하여야 할 필요는 매우 미약하다. 그들은 우리 헌법질서의 근간을 이루고 있는 자유민주적 기본질서를 파괴하였다. 그로 인하여 우리의 민주주의가 장기간 후퇴한 것은 말할 것도 없다. 많은 국민의 생명과 신체가 침해되었으며, 전 국민의 자유가 장기간 억압되는 등 국민에게 끼친 고통과 해악이 너무도 심각하고 중대하다. 그들의 공소시효 완성으로 인한 이익은 헌법상 보장된 기본권에 속하지 않는다.

이에 비해 이 법을 정당화하는 공익적 필요는 매우 중대하다. 즉 집권과정에서 헌정질서파괴범죄를 범한 자들을 응징하여 정의를 회복함으로써 왜곡된 우리 헌정사의 흐름을 바로 잡아야 할 뿐만 아니라, 앞으로는 우리 헌정사에 다시는 그와 같은 불행한 사태가 반복되지 않도록 자유민주적 기본질서의 확립을 위한 헌정사적 이정표를 마련하는 것이 국민의 줄기찬 요구이자 여망이며, 작금의 시대적 과제이다.

이 법은 헌정질서파괴범들의 공소시효 완성으로 인한 신뢰이익을 물리치고도 남을 만큼 월등히 중대한 공익을 추구하고 있다. 우리 헌정사에 공소시효에 관한 소급입법을 단 한 번 예외적으로 허용한다면 바로 이러한 경우에 허용하여야 한다고 할 것이다. 이러한 경우에 소급입법이 허용되지 않는다면, 허용되는 경우란 대체 어디에 무엇을 위한 것인지 진지한 의문을 제기하지 않을 수 없다.

전두환은 무기징역을, 노태우는 징역 17년형을 각각 선고받았습니다. 서훈은 취소되었고 훈장은 환수되어야 했지요.

그러나 그로부터 약 8개월 후, 대통령 김영삼은 국민 대화합을 명분으로 그들을 사면하여 석방하였습니다. 대통령의 사면권은 우리 헌법 제79조에 규정되어 있지요. 정태춘 님의 노래 〈5·18〉은 이렇게 끝이 납니다.

무엇을 보았니 아들아
나는 태극기 아래 시신들을 보았소
무엇을 들었니 딸들아
나는 절규하는 통곡 소릴 들었소
잊지 마라 잊지 마
꽃잎 같은 주검과 훈장
소년들의 무덤 앞에
그 훈장을 묻기 전까지

아직 그들로부터 반납되지 않은 훈장들이 남아 있습니다.

법과 정의란 과연 무엇일까요.

2
자유 평화 그리고 민주주의를 위하여

**다수결로 정하면
모두 '민주주의'일까**

국민투표가 치러졌습니다. 다수의 찬성표로 나라의 수장이 된 그는 침체된 경제를 일으켜 세우고 놀라운 외교적 성과를 여럿 올리며 국민으로부터 열광적인 지지를 얻어냈지요. 그리고 인류 역사상 최악의 전쟁이라는 제2차 세계대전을 일으켰습니다. 아돌프 히틀러. 그가 국민투표에서 얻은 찬성표는 무려 90퍼센트에 육박했지요.

그는 나치당을 제외한 모든 정당의 활동을 금지하고 해산시켰습니다. 게르만족만이 우월하다며 유대인을 집단살해하였지요. 이를 '홀로코스트Holocaust'라고 합니다. 그로써 사망한 유대인의 수가 약 600만 명. 이는 당시 유럽 내 유대인 중 3분의 2에 해당하는 수였습니다.

'민주주의'란 무엇일까요? 다수결의 원칙에 따른다면 과연 어떠한 가치든 추구할 수 있는 걸까요. 다음은 우리 헌법의 전문(헌법의 기본원리를 천명하고 있는 첫머리 부분) 중 일부입니다.

(······) 우리 대한국민은 3·1운동으로 건립된 대한민국임시정부의 법통과 불의에 항거한 4·19민주이념을 계승하고 (······)

'4·19민주이념'이란 무엇일까요.

대한민국의 초대 대통령 이승만은 1948년부터 12년간 불법적으로 헌법을 바꿔가며 장기집권(제1대~제3대)하고 있었습니다. 그리고 1960년 3월 15일 제4대 대통령 선거에서 투표함 바꿔치기 등의 수법으로 부정선거를 저지르며 재차 당선되었습니다. 분노한 국민들이 거리로 뛰쳐나왔습니다. 경찰이 그들을 향해 총탄과 최루탄을 발사하였지요. 마산에서만 90명에 가까운 시민이 다치거나 목숨을 잃었습니다. 이를 '3·15의거'라고 합니다.

그중에 실종자도 있었습니다. 마산상업고등학교(현재 마산용마고등학교) 입학을 앞두고 있던 김주열 학생. "협잡선거 물리쳐라"라고 외치며 형과 시위대에 합류했다가 돌아오지 않았습니다. 실종 27일째 되던 날(4월 11일), 결국 그는 마산 앞바다에 시신으로 떠올랐지요. 왼쪽 눈에 최루탄이 박힌 채.

전 국민적 분노가 걷잡을 수 없이 타올랐습니다. 마산에서 재점화된 시위는 전국으로 번졌습니다. 전국에서 동시다발적으로 혁명적 시위가 벌어진 것은 '피의 화요일' 4월 19일이었습니다.

　　시간이 없는 관계로 어머니를 뵙지 못하고 떠납니다.

　　어머니, 데모에 나간 저를 책하지 마시옵소서. 우리들이 아니면 누가 데모를 하겠습니까. 저는 아직 철없는 줄 압니다. 그러나 국가와 민족을 위하는 길이 어떻다는 것은 알고 있습니다.

　　어머니, 저를 사랑하시는 마음으로 무척 비통하게 생각하시겠지마는 온 겨레의 앞날과 민족의 해방을 위하여 기뻐해주세요. 이미 저의 마음은 거리로 나가 있습니다.

　　부디 몸 건강히 계세요. 저의 목숨은 이미 바치려고 결심하였습니다.

　　경찰은 시위대를 향해 무차별적으로 총격을 가하였습니다. 진영숙 학생(당시 중학교 2학년)이 홀어머니에게 남긴 이 쪽지는 그대로 유서가 되었지요. 그러나 시위대는 죽음의 행진을 멈추지 않았습니다. 거리는 수백 명의 피로 물들었고, 이승만의 동상은 그 목이 줄로 감겨 무너졌습니다. 학생과 시민이 독재에 반대하며 일으킨 민주주의 운동, 바로 '4·19혁명'입니다. 이승만은 결국 대통령직을 사임하였습니다.

오빠와 언니들은 책가방을 안고서 왜 총에 맞았나요

자꾸만 자꾸만 눈물이 납니다

잊을 수 없는 4월 19일

총알은 날아오고 피는 길을 덮는데

외로이 남은 책가방 무겁기도 하더군요

나는 알아요 우리는 알아요

오빠 언니들이 왜 피를 흘렸는지를

오빠와 언니들이 배우다 남은 학교에서 배우다 남은 책상에서

우리는 오빠와 언니들의 뒤를 따르렵니다.

당시 수송국민학교(현재 수송초등학교) 5학년 강명희 학생이 쓴 시의 일부입니다. 우리는 무엇을 알아야 할까요. 또 우리는 무엇을 따라야 할까요.

'4·19민주이념.' 우리 국민들이 그렇게 피 흘리며 성취한 그 민주주의란 그 어떤 민주주의도 아닌 '자유민주주의'임을 우리는 알고 또 따라야 합니다.

독일로 다시 돌아가볼까요. 제1차 세계대전 후 탄생한 바이마르공화국은 독일 최초의 민주공화국이었지요. 하지만 당시 민주주의는 다수결이라는 형식적인 방법으로만 이해되었습니다.

자유 평화 그리고 민주주의를 위하여

즉 다수결에 의해서라면 그 어떠한 가치든 추구할 수 있다고 본 것이죠. 이러한 가치상대주의적 관용이 히틀러와 나치를 등장시켰고 그다음부터는 우리가 이미 알고 있는 바와 같습니다.

민주주의가 민주주의 자체를 말살시켜버린 모순. 이에 대한 통렬한 반성으로 등장한 것이 '방어적 민주주의'입니다. 민주주의의 탈을 쓰고 민주주의를 파괴하려는 적으로부터, 민주주의를 지키고 방어한다는 자기수호적이고 자기방어적인 민주주의. 그래서 가치지향적이며 가치구속적이어야 했지요. 그 가치가 바로 '자유민주주의'인 것입니다.

바이마르헌법의 실패를 거울삼은 독일기본법(1949년)은 방어적 민주주의를 도입하였습니다. 자유민주적 기본질서를 위배하는 정당에 대하여는 헌법재판을 통하여 강제해산할 수 있도록 한 것입니다. 그에 따라 독일 연방헌법재판소(1956년)는 독일공산당(KPD)의 해산을 결정할 수 있었죠. 나치 같은 자유민주주의의 적이 다시는 출현할 수 없도록 '방어'한 것입니다.

2014년 대한민국에서도 유사한 사건이 발생하지요. 바로 '통합진보당' 사건입니다. 당시 통합진보당은 국가의 헌법질서를 어지럽힐 목적으로 폭동할 것을 계획하고 준비하였다는, 즉 내란음모의 혐의로 검찰의 수사를 받고 있었습니다.

혹자가 말했던가요. '민주주의의 나무는 국민들의 피를 먹고 자란다'고. 우리나라 역시 방어적 민주주의를 도입하고 있습니다. 헌법 제8조 제4항입니다.

정당의 목적이나 활동이 민주적 기본질서에 위배될 때에는 정부는 헌법재판소에 그 해산을 제소할 수 있고, 정당은 헌법재판소의 심판에 의하여 해산된다.

정부(법무부)는 통합진보당이 북한을 추종하며 자유민주주의를 위협하는 헌법위반의 정당이라며 헌법재판소에 그 해산을 청구하였습니다. 헌법재판소는 그와 같은 대한민국 헌정사 최초의 청구에 대하여 다음과 같이 결정하였습니다.

북한식 사회주의체제는 조선노동당이 제시하는 정치 노선을 절대적인 선으로 받아들이고 그 정당의 특정한 계급노선과 결부된 인민민주주의 독재방식과 수령론에 기초한 1인 독재를 통치의 본질로 추구하는 점에서 우리 헌법상 민주적 기본질서와 근본적으로 충돌한다. 통합진보당은 진보적 민주주의를 실현하기 위해서는 전민항쟁이나 저항권 등 폭력을 행사하여 자유민주주의체제를 전복할 수 있다고 하는데, 이는 모든 폭력적 · 자의적 지배를 배제하고, 다수를 존중하면서도 소수를 배려하는 민주적 의사결정을 기본원리로 하는 민주적 기본질서에 정면으로 저촉된다.

이러한 민주적 기본질서에 대해 실질적 해악을 끼치는 구체적 위험성을 제거하기 위해서는 정당해산 외에 다른 대안이 없다.

통합진보당은 해산되었고 소속 국회의원들은 의원직을 잃었습니다. 앞으로 누구도 '통합진보당'을 정당의 이름으로 다시 사용할 수 없는 것은 물론, 통합진보당의 기본정책과 같거나 비슷한 것으로 새롭게 정당을 만드는 것 역시 금지되었지요.

대한민국헌법 제1조 제1항은 다음처럼 천명하고 있습니다.

대한민국은 민주공화국이다.

그리고 (거듭 말하지만) 그 민주주의란 자유민주주의라는 것.

히틀러의 생가 앞에는 그의 생가라는 표시도 없이 아주 작은 돌 하나만이 놓여 있지요. 그리고 거기에는 다음과 같은 글이 새겨져 있습니다.

자유 평화 그리고 민주주의를 위하여

다시는 파시즘*이 없기를

수백만의 죽음이 경고한다.

* 자유주의를 부정하는 전체주의적 정치사상.

자유 평화 그리고 민주주의를 위하여

우리 헌법의 첫머리, 즉 전문입니다. 우리나라는 과연 어떠한 민주주의 국가인지 함께 확인해볼까요.

[대한민국헌법]

전문

유구한 역사와 전통에 빛나는 우리 대한국민은 3·1운동으로 건립된 대한민국임시정부의 법통과 불의에 항거한 4·19민주이념을 계승하고, 조국의 민주개혁과 평화적 통일의 사명에 입각하여 정의·인도와 동포애로써 민족의 단결을 공고히 하고, 모든 사회적 폐습과 불의를 타파하며, 자율과 조화를 바탕으로 자유민주적 기본질서를 더욱 확고히 하여 정치·경제·사회·문화의 모든 영역에 있어서 각인의 기회를 균등히 하고, 능력을 최고도로 발휘하게 하며, 자유와 권리에 따르는 책임과 의무를 완수하게 하여, 안으로는 국민생활의 균등한 향상을 기하고 밖으로는 항구적인 세계평화와 인류공영에 이바지함으로써 우리들과 우리들의 자손의 안전과 자유와 행복을 영원히 확보할 것을 다짐하면서 1948년 7월 12일에 제정되고 8차에 걸쳐 개정된 헌법을 이제 국회의 의결을 거쳐 국민투표에 의하여 개정한다.

3

정의의 붓으로 인권을 쓴다

법의 최우선 가치는 무엇일까

안네는 부유한 사업가의 딸로 태어났습니다. 하지만 유대인이었지요. '너희들은 살 권리가 없다.' 나치가 점령국을 확장해가자 네덜란드의 은신처에 숨어 살았습니다. 결국 발각되어 강제수용소로 끌려갔고 15세의 나이로 사망하고 말았지요. 그사이 쓴 『안네의 일기』는 제2차 세계대전의 참혹함을 알린 가치로 유네스코 세계유산으로 등재되었습니다. 가족 중 유일한 생존자였던 그녀의 아버지, 오토 프랑크는 다음처럼 이야기합니다.

이미 일어난 일은 바꿀 수 없다. 오직 우리가 할 수 있는 일은 무고한 사람들을 차별하고 박해했던 과거가 무엇을 의미하는지 배우고 깨닫는 것이다.

강제노역, 총살, 가스실, 생체실험……. 유대인의 절멸을 위하여 벌인 조직적 인종청소. 우리는 이러한 과거로부터 무엇을 배우고 깨달아야 할까요.

Human rights. '인권'입니다.

모든 인간은 태어날 때부터 자유로우며 그 존엄과 권리에 있어 동등하다.

세계인권선언 제1조입니다. 국제연합(UN)은 제2차 세계대전 중 벌어진 끔찍한 만행들에 대해 인류의 반성을 촉구하였습니다. 다시는 그와 같은 비극이 반복되지 않도록 세계인권선언문(1948년)을 채택한 것이죠. 인종, 피부색, 성性, 언어, 종교, 정치적 견해, 출생 등 그 특징에 관계없이 모든 사람은 자유롭고 평등하다는 것을 전 세계가 최초로 합의한 것입니다. 인권에 대한 각성이었습니다. 선언문은 모든 사람이 가지고 있고 또 누구도 빼앗을 수 없는 자유와 권리를 명시하고 있지요.

그러나 인권을 위한 인류의 노력은 그때 막 시작된 것이 아니었습니다. 그것은 아주 오래전부터 차근차근 계속되어 오고 있었지요.

정의의 붓으로 인권을 쓴다

1214년 잉글랜드의 존 왕은 귀족들의 강한 반대에도 불구하고 빼앗긴 프랑스령을 되찾기 위하여 전쟁을 벌입니다. 당시 프랑스령은 왕의 개인 영토였지만 전쟁을 위한 막대한 세금은 귀족들이 내야 했지요. 전쟁은 대실패로 끝났고 귀족들의 불만은 폭발했습니다. 더 이상 세금을 낼 수 없다며 들고 일어난 것이죠. 그들은 병력을 이끌고 런던으로 입성했습니다. 다음 내용이 실린 문서와 함께였습니다.

왕은 명령만으로 전쟁 등을 위한 세금을 거둘 수 없다.
시민은 법이나 재판에 의하지 않고서는 자유·생명·신체를 침해받을 수 없다.

위기를 느낀 존 왕은 문서에 서명하지 않을 수 없었지요. 마그나 카르타. 이것이 인권보장의 초석이라는 영국의 '대헌장 Magna Carta(1215년)'입니다. 물론 처음부터 완전한 인권보장이 될 수는 없었지요. 그 효과도 오래가지 못했고요. 하지만 당시 신으로부터 권한을 부여받았다는 왕의 권한을—'왕권신수설'이라 하지요—일부라도 귀족과 시민과 나누어 제한할 수 있었다는 점에서 획기적이었습니다.

그와 같은 노력은 계속됩니다. 권력에 제한이 없는 '전제군 주' 찰스 1세의 폭정에 대해 인권의 보호를 '요청'한 '권리청원 (1628년)', 윌리엄 3세의 권력이 전제화될 것에 대비하여 그 요청을 최초로 '법'으로 통과시킨 '권리장전(1689년)'이 그것이지요. 권리장전으로써 전제군주제가 종식되고, 헌법으로 권력이 제한되는 '입헌군주제'가 시작된 것입니다.

이후 '미국의 독립선언(1776년)'과 '프랑스의 인권선언(1789년)'도 권리장전의 영향을 받았습니다. 모두 인권 발전의 역사에서 빼놓을 수 없는 사건들이지요. 다음은 미국의 독립선언문 중 일부입니다.

모든 사람은 평등하게 태어났고, 생명, 자유, 행복을 추구할 천부의 권리를 부여받았다.

'천부'란 하늘이 주었다는 의미입니다. 그들은 인권을 법에서 정할 때만 인정되는 '실정권'에서 태어나면서부터 주어지는 '자연권'으로 발전시켰습니다. 이러한 천부인권사상은 근대 국가들의 헌법에 구체적으로 나타나게 되지요. 1949년 제정된 독일기본법 제1조 제1항은 다음과 같이 선언하고 있습니다.

인간의 존엄은 훼손할 수 없다. 인간의 존엄을 존중하고 보호하는 것은 모든 국가권력의 의무이다.

인간의 존엄이란 인간의 본질이며 고유한 가치, 즉 인간으로서의 품격인 '인격'을 의미하지요. 인간을 물건처럼 취급하는 집단학살, 고문, 인간실험, 노예제도(인신매매), 인종차별은 금지되는 것이죠. 안네 프랑크가 생을 마감한 지 만 4년 만이었습니다.

그리고 우리 헌법 제10조입니다.

모든 국민은 인간으로서의 존엄과 가치를 가지며, 행복을 추구할 권리를 가진다. 국가는 개인이 가지는 불가침의 기본적 인권을 확인하고 이를 보장할 의무를 진다.

'인간의 존엄과 가치.' 바로 우리 헌법 이념의 핵심입니다. 우리 헌법 역시 모든 기본적 권리보장의 최종 목적인 '인격권'을 보장하고 있습니다.

저자가 사법연수원(사법시험 합격자들을 법조인으로 양성하는 대법원의 기관)을 갓 수료한 후의 일로 기억합니다. 그야말로 잉크도 마르지 않은 변호사등록증을 받으러 변호사회관에 갔을 때 그 로비에 걸린 거대한 표어가 걸음을 붙들었지요.

정의의 붓으로 인권을 쓴다.

그리고 그것이 평생의 신념이 될지 그때는 전혀 몰랐습니다. 마그나 카르타로부터 세계인권선언까지. 아니 지금 이 순간에도 인류는 인권의 발전을 위해 부단히 노력하고 있습니다. 우리는 항상 인권에 대해 생각해야 하지요. 반드시 법을 공부하거나 다루는 일을 하지 않더라도 말이지요. 다만 인권을 최우선의 가치로 두어야 합니다. 법을 공부하거나 다루는 일을 한다면 반드시 그래야 합니다.

세계에서 가장 많은 언어로 번역되었다는, 거의 모든 국가의 헌법적 토대를 제공한 1948년 '세계인권선언'의 주요 내용입니다.

[세계인권선언]

모든 인간은 태어날 때부터 자유로우며 그 존엄과 권리에 있어 동등하다. 인간은 천부적으로 이성과 양심을 부여받았으며 서로 형제애의 정신으로 행동하여야 한다.

모든 사람은 인종, 피부색, 성性, 언어, 종교, 정치적 또는 기타의 견해, 민족적 또는 사회적 출신, 재산, 출생 또는 기타의 신분과 같은 어떠한 종류의 차별이 없이 이 선언에 규정된 모든 권리와 자유를 향유할 자격이 있다.

모든 사람은 생명과 신체의 자유와 안전에 대한 권리를 가진다.

모든 형태의 노예제도와 노예매매는 금지된다.

어느 누구도 고문 또는 잔혹하거나 비인도적, 굴욕적 처우 또는 형벌을 받지 아니한다.

모든 사람은 어디에서나 법 앞에 인간으로서 인정받을 권리를 가진다.

모든 사람은 법 앞에 평등하며 어떠한 차별도 없이 법의 동등한 보호를 받을 권리를 가진다.

모든 형사피의자는 자신의 변호에 필요한 모든 것이 보장된 공개 재판에서 법률에 따라 유죄로 입증될 때까지 무죄로 추정받을 권리를 가진다.

어느 누구도 함부로 자신의 재산을 박탈당하지 아니한다.

모든 사람은 사상, 양심, 종교의 자유에 대한 권리를 가진다.

모든 사람은 의견의 자유와 표현의 자유에 대한 권리를 가진다.

모든 사람은 직접 또는 자유로이 선출된 대표를 통하여 자국의 정부에 참여할 권리를 가진다.

정의의 붓으로 인권을 쓴다

모든 사람은 자신의 존엄과 인격의 자유로운 발전에 없어서는 안 될 경제적, 사회적, 문화적 권리들을 실현할 권리를 가진다.

모든 사람은 자신의 이익을 보호하기 위하여 노동조합을 결성하고, 가입할 권리를 가진다.

모든 사람은 교육을 받을 권리를 가진다.

4

법 없으면 무엇도 없다

법은 우리를 벌하는가
보호하는가

"죄인들은 일어나라."

신하의 위엄 있는 목소리가 울리자 세 명의 죄인이 나란히 섰습니다. 왕이 들어와 자리에 앉더니 왼쪽의 죄인을 보며 물었지요.

"무슨 죄인가?"

신하가 공소장을 펼치며 답했습니다.

"첫 번째 죄인은 귀부인의 비단을 찢어놓아 못 쓰게 만든 죄입니다."

"죽을죄를 지었나이다."

죄인이 통곡하며 엎드렸지요. 신하는 아랑곳없이 공소장을 읊었습니다.

"죄인은 길을 걷고 있었습니다. 그런데 비단가게에 한눈이 팔려 바로 한 걸음 앞의 돌부리를 보지 못했습니다. 그 돌부리에 걸려 넘어지면서 귀부인이 들고 있던 비단을 잡아당기게 된 것입니다."

왕은 고개를 갸우뚱하더니 죄인에게 물었지요.

"돌부리를 보지 못하고 넘어진 것이더냐?"

죄인은 흐느끼며 대답했습니다.

"그러합니다. 맹세코 일부러 잡아당긴 것이 아니옵니다."

왕은 다시 신하에게 물었지요.

"그래서 이것이 무슨 죄라는 것인가?"

신하는 주저 없이 답하였습니다.

"남의 물건을 망가뜨린 죄……."

그러나 왕은 신하의 말을 자르며 다시 물었습니다.

"돌부리를 보지 못하고 넘어지면서 비단을 잡아당기게 되었고, 또 그리하여 비단을 찢게 된 것이 형법 몇 조 몇 항의 죄란 말인가?"

신하는 당황했지만, 바로 법전(주요 법률들을 모아놓은 책)을 뒤적이기 시작했습니다. 모두의 시선이 신하에게 집중되었지만, 죄인만은 절망한 채 엎드려 있었지요. 얼마나 지났을까. 찾기를 멈춘 신하가 창백한 얼굴로 입을 열었습니다.

법 없으면 무엇도 없다

"도무지 찾을 수가……."

신하도 죄인도 모두 얼어붙었지요. 비로소 왕은 선고를 내렸습니다.

"실수로 남의 물건을 망가뜨린 것은 우리 형법에서 '죄'로 정하고 있지 않다. 고로 너는 무죄이다. 집으로 돌아가라."

죄인은 잠시 어리둥절해하더니 연신 감사의 절을 하며 궁을 빠져나갔습니다.

법률 없으면 범죄 없고

법률 없으면 형벌도 없다.

'죄형법정주의'입니다. 어떠한 행동이 '범죄'로 되고 그 범죄에 대해 어떠한 종류와 범위의 **형벌**을 줄 것인지 그 행동 전에 미리 **법률**에 정해놓고 있어야 한다는 헌법적 원칙(**주의**)입니다. 즉 그 행동이 아무리 사회적으로 큰 해악을 끼친다 해도 미리 법률에 '죄'라고 정해놓지 않았다면 처벌할 수 없다는 것이지요. 이것은 무엇을 의미할까요?

형벌권 발동의 조건(범죄)과 정도(형벌)를 명확한 법률에 구속시킨다면 국가 형벌권은 함부로 행사될 수 없겠지요. 즉 그로써 국민의 안전과 자유를 보장할 수 있습니다. 이것을 형법의 '보장적 기능'이라고 합니다. 첫 번째 죄인(으로 불리었던 자)의 안전과 자유는 이로써 보장된 것이지요. 그는 형벌을 받는 대신 가족의 품으로 돌아갈 수 있었습니다.

그리고 실제로 우리 형법에는 실수로 다른 사람의 물건을 망가뜨린 사람을 처벌하는 규정이 없답니다. 오직 일부러 망가뜨린 사람만을 처벌하지요.

"다음 죄인의 죄목은 무엇인가?"

왕이 신하에게 물었습니다. 신하는 다시 공소장을 펼쳤지요.

"두 번째 죄인은 울퉁불퉁한 길을 다듬는 것을 업으로 하는 자인데, 길을 다듬으며 생긴 흙모래를 근처 시냇물에 버려 사람들이 마실 물을 오염시킨 죄입니다."

"이번에는 법전에 규정되어 있는 죄이던가?"

신하는 미리 펴놓은 법전을 보며 당당히 대답했습니다.

"네, 있습니다."

"어떠한 죄인가? 읽어보라."

"많은 양의 흙모래를 버려 물을 현저히 오염되게 한 자는 1년 이하의 징역에 처한다."

"흠……."

왕은 무언가 생각하는 듯하더니 다시 신하에게 물었지요.

"현저히 오염되게 한다는 건 대체 어느 정도로 오염되게 한다는 것인가?"

"현저히 오염되게 한다는 건……."

하지만 신하 역시 그 기준을 알 수 없었지요. 왕은 질문을 이어갔습니다.

"흙모래 반, 물 반이면 현저히 오염된 것인가? 아니면 흙모래 10분의 7, 물 10분의 3 정도는 되어야 하는가? 그것도 아니라면 흙모래 10분의 9, 물 10분의 1은 되어야 현저히 오염된 것이라 할 것인가?"

"……."

신하의 얼굴이 붉게 달아오르자 왕은 타일렀습니다.

"자고로 법이란 누구든 보고 그 내용을 명확히 알 수 있어야 하는 것 아니더냐. 어느 누가 이 법을 보고 자신의 행동을 제대로 결정할 수 있겠는가. 이 법은 무효이다. 이렇게 불명확한 법으로는 누구도 처벌할 수 없다."

신하가 마지못해 죄인의 포승줄을 풀어주자 그는 도망치듯 궁을 빠져나갔지요.

법률이 없으면 형벌도 없다. 거꾸로 말해, 법률에서 미리 정해놓고 있다면 벌을 내릴 수 있다는 것입니다. 하지만 그 법률이란 '명확'해야 합니다.

'명확한' 법률 없으면 형벌도 없다.

법에 의해 금지된 행동이 무엇인지 국민이 알 수 있도록 가능한 명백한 내용으로 정해놓아야 한다는 것이죠. 만약 그 내용이 명확하지 않다면, 국민은 그 법을 보고도 자신의 행동이 불법인지 아닌지 제대로 판단할 수 없고, 그런 국민의 행동을 국가가 벌한다면 정당하지 않습니다. 이것을 '명확성의 원칙'이라고 합니다. 죄형법정주의의 원칙 중 하나이지요. 불명확한 법으로 국민을 함부로 처벌할 수 없는 것, 그리하여 국민의 안전과 자유를 보장하기 위한 것입니다.

왕은 부러 헛기침을 하였지요. 마지막 죄인의 죄목을 묻는 것이었죠. 넋을 놓고 있던 신하가 그제야 다시 공소장을 펼쳤습니다.

"마지막 죄인은 천연기념물인 죽은 소쩍새를 주워 그것을 박제한 죄입니다."

왕이 물었습니다.

"법에는 무어라 쓰여 있는가?"

"허가 없이 천연기념물의 모양과 상태를 변경(박제 포함)한 자는 5년 이하의 징역에 처한다."

왕은 고개를 끄덕였지요.

"천연기념물인 소쩍새를 박제했다면. 그래, 처벌받아 마땅하구나."

다시 의기양양해진 신하는 큰소리로 간수들을 호출하였습니다. 그러자 난데없는 목소리가 모두를 침묵케 하였습니다.

"왜 제가 벌을 받아야 합니까?"

목숨을 건 죄인의 반문이었지요. 놀란 신하는 그를 꾸짖었고, 왕은 의아해하며 물었습니다.

"무엇이 그리 억울한가?"

그는 잠시 감정을 추스르더니 떨리는 목소리로 입을 열었습니다.

"저는 이미 죽어 있는 소쩍새를 주워 박제했을 뿐입니다. 살아 있는 소쩍새를 잡아다 박제한 것이 아니지 말입니다."

신하는 코웃음을 쳤습니다.

"그것이 죽어 있든 살아 있든 천연기념물을 박제한 사실에는 여전히 차이가 없지 않느냐?"

그러나 그 웃음은 얼마 가지 못했지요. 왕은 깊은 고민에 빠져 있었습니다. '법에는 그저 천연기념물이라고만 되어 있는데,

여기에 죽은 천연기념물도 포함시켜 해석할 수 있는가?' 모두가
숨을 죽였고 죄인의 흐느끼는 소리만이 들려왔지요. 곧 왕은 결
심한 듯 입을 열었습니다.

"형법은 그 내용이 명확해야 할 뿐만 아니라, 그 해석에 있어
서도 엄격해야 한다. 즉 미루어 추측해서 죄인으로 여겨지는 자
에게 불리하게 해석하는 것은 허용되지 않는 것. 법의 정당한 해
석을 넘어 법을 창조하는 것은 허용되지 않는 것이다. 그런 창조
해석이 허용된다면 그 어떤 경우라도 처벌하지 못할 경우가 없지
않겠는가?"

신하와 죄인은 놀란 눈으로 서로를 바라보았지요. 왕은 덧붙
였습니다.

"네가 옳다. 네게 불리하게 죽은 소쩍새를 이 법의 '천연기념
물'에 포함시킬 수는 없다. 그렇게 해석해서 처벌할 수 없는 것.
너는 무죄이다."

죄인은 설움이 북받친 듯 한참을 엎드려 울었지요. 신하는
멍하니 바라보고 섰습니다. 더 이상 죄인이 아닌 자를 말이지요.

법에서 정하고 있지 않은 사항(죽은 천연기념물)에 대해 그것
과 비슷한 사항(천연기념물)에 관한 법을 가져다가 적용하는 것을
'유추해석'이라고 합니다. 죄인으로 여겨지는 자에게 '불리한 유

추해석'은 금지됩니다.

'엄격한' 법률 없으면 형벌도 없다.

바로 '유추해석 금지의 원칙'입니다. 죄인으로 여겨지는 자에게 불리하지 않게 형법을 엄격하게 해석해야 한다는 것이지요. 국가가 마음대로 법을 해석하여 국민을 함부로 처벌할 수 없도록 하기 위함입니다. 이 역시 죄형법정주의의 원칙 중 하나입니다.

그럼 죄인으로 여겨지는 자에게 '유리'하게 유추해석하는 것은 가능할까요? 죄형법정주의는 국가 형벌권으로부터 국민의 안전과 자유를 최대한 보장하고자 하지요. 즉 '유리한' 유추해석은 금지되지 않는답니다.

그리고 죄형법정주의의 원칙은 하나가 더 있지요. 그것은 이미 우리가 알고 있는 것입니다.

'먼저 만들어진' 법률 없으면 형벌도 없다.

당시 범죄가 아니었던 행동을 나중에 범죄가 되는 것으로 새롭게 법을 만들어 처벌할 수 없다는 '형벌불소급의 원칙(소급효금지의 원칙)'입니다.

신하는 그 누구도 처벌할 수 없었지요. 죄인으로 불리었던 사람들은 모두 자유의 몸이 되었습니다. '법률 없으면 범죄 없고 형벌도 없다. 그 법률이란 먼저 만들어진 것으로 명확하게 규정되어 있어야 하며, 또한 엄격하게 해석되어야 한다.' 모두 죄형법정주의 덕분이었지요. 형법刑法이란 죄와 벌을 정하고 있는 규범을 말합니다. 죄를 저지른 자에게 벌을 내리는 것이지만, 오직 벌하는 것에만 관심을 두는 것이 아닙니다.

5

당신의 고운 살점 1파운드

서로 마음만 맞으면
어떠한 약속이라도 할 수 있을까

고리대금업자(비싼 이자를 받고 돈을 빌려주는 것을 직업으로 하는 사람) 샤일록은 안토니오에게 돈을 빌려주며 이렇게 말합니다.

"이자는 한 푼도 받지 않겠습니다. 다만 약속한 날까지 빌린 돈을 갚지 못한다면 그 대가로 당신의 고운 살점 1파운드를 베어 내게 해주십시오."

영국의 극작가 윌리엄 셰익스피어의 희곡 『베니스의 상인』 중 한 장면입니다. 안토니오는 바사니오로부터 돈을 빌려달라는 부탁을 받았습니다. 씀씀이가 헤펐던 귀족 바사니오는 부유한 상속녀 포서에게 청혼하고 싶었지만 주머니 사정이 여의치 못했습니다. 당장 돈이 없던 상인 안토니오가 둘도 없는 친구를 위해 자신의 배들을 담보로 하여 샤일록으로부터 돈을 빌린 것입니다.

"염려할 것 없네. 돈을 갚지 못할 리가 있나. 바다로 나간 배들은 약속한 날이 되기 전에 돌아올 걸세. 좋소. 도장을 찍겠소."

도장을 찍겠다라. 자, 이제 우리는 민법의 영역으로 들어왔습니다.

민법民法이란 모든 사람에게 일반적으로 적용되는 사법을 말합니다. 사법私法은 사적인 영역, 즉 개인적인 생활관계를 규율하는 법이지요. 헌법이나 형법과 같이 개인과 국가 사이 등의 공적인 생활관계를 규율하는 공법公法과는 구별됩니다. 민법은 그 지도원리부터 공법과 분명히 구별됩니다. 대표적인 것이 '사적자치의 원칙'이지요.

사적자치의 원칙은 자기의 법률관계를 스스로 결정하고, 스스로 형성하고, 그 결과에 대해서는 스스로 책임진다는 민법의 최고원리입니다. 인간의 존엄성과 자유민주주의의 헌법적 이념을 당연한 전제로 하는 것이죠. 더 구체적으로, 국가를 포함한 그 누구의 간섭도 받지 않고 자기의 법률관계를 스스로 정할 수 있다는 '계약자유의 원칙'을 말합니다.

샤일록이 이자를 받는 대신 안토니오의 살 1파운드를 베어내겠다고 한 것에는 이유가 있었습니다. 평소 안토니오는 샤일록이 유대인이라는 이유만으로 그를 혐오하고 있었지요. 공개적으로 그를 모욕하는 것은 물론, 그에게 발길질을 하고 가래침을 뱉기도 했습니다. 그런데 정작 돈이 필요할 때엔 자신을 찾아오다니. 그것도 철부지 친구가 청혼을 하기에는 돈이 부족하다는 이유로 말이지요. 복수를 원한 샤일록은 이자도 포기하고 아무런 값어치도 없는 안토니오의 살 1파운드를 요구한 것입니다.

한편 안토니오는 많은 배를 거느린 부자 상인입니다. 다만 배들이 모두 바다에 나가 있어 당장 수중에 돈이 없었을 뿐이죠. 그는 돈을 갚기로 한 날 전까지 자신의 배들이 돌아올 것으로 확신했지요. 게다가 이자도 붙지 않는다니. 바사니오를 목숨처럼 아낀 안토니오가 계약서에 도장을 찍지 않을 이유가 없었던 것입니다.

계약을 할 것인지 말 것인지, 누구와 계약을 할 것인지, 어떠한 내용으로, 어떠한 방식으로 계약을 할 것인지 샤일록과 안토니오는 스스로 결정하고 형성할 수 있습니다. 서로가 계약서에 도장을 찍는 순간 둘 사이 계약은 '성립'되었습니다. 이로써 샤일록에게 안토니오의 가슴살을 벨 권리가 생긴 걸까요. 그 판단을 위해서는 다음 단계로 넘어가야 합니다.

그 성립된 계약은 '유효'인가, '무효'인가. 다음은 우리 민법 제103조입니다.

선량한 풍속 기타 사회질서에 위반한 사항을 내용으로 하는 법률행위는 무효로 한다.

'선량한 풍속'이란 사회의 건전한 도덕관념을 말하고, '사회질서'란 사회의 평화를 지키기 위한 공공질서를 말하지요. '공서양속'이라고도 불리는 이 요건을 위반하면 무효, 즉 효력이 없습니다. 다시 말해 계약(법률행위)의 자유는 법질서의 울타리 안에서만 인정된다는 것입니다. 사적자치에도 한계가 있는 것이지요. 사회의 기초적 윤리인 '도덕'이 법의 영역으로 들어와 있는 것입니다. 그럼 공서양속에 반한다는 것은 구체적으로 어떤 의미일까요. 자, 다음 얘기에 귀기울여봅시다.

콩쥐는 카드빚을 감당하지 못해 급하게 돈이 필요했답니다. 그래서 자신의 땅을 떼어 춘향이에게 팔고자 했지요. 그 땅에는 지하철역이 들어선다는 소문이 파다했어요. 춘향이는 흔쾌히 그 제안을 받아들였고, 둘은 나란히 매매계약서에 도장을 찍었습니다. 그런데 땅의 소유권이 완전히 넘어가려면 '등기(등기부에 소유 관계 등을 기록하는 것)'를 해야 하거든요. 그 약속된 등기일 전, 그러니까 춘향이가 그 땅의 진짜 주인이 되기 전이었어요. 콩쥐의 언니인 팥쥐는 갑자기 그 땅이 갖고 싶어졌습니다. 지하철역 근처에 커피숍을 열면 돈을 많이 벌 수 있을 것 같았지요. 팥쥐는 콩쥐를 조르기 시작했어요. 춘향이보다 더 빨리 돈을 마련해줄 테니 춘향이가 아닌 자기에게 땅을 팔라고 말이지요. 팥쥐의 집요한 부탁을 이기지 못한 콩쥐는 결국 팥쥐와 계약서에 도장을 찍었답니다. 그리고 춘향이가 아닌 팥쥐에게 등기를 해주었지요. 결국 팥쥐가 땅의 주인이 되었습니다. 배신감에 잠을 이룰 수 없었던 춘향이는 두 자매 사이의 계약이 '선량한 풍속 기타 사회질서'에 반해 무효라며 소송을 제기했습니다.

콩쥐는 춘향이에게 땅을 팔기로 계약(제1매매)을 맺어놓고도 그 계약에 따른 등기를 해주지 않은 채, 팥쥐에게 땅을 팔기로 다시 계약(제2매매)을 맺고 팥쥐에게 등기를 해주었지요. 이것이 민법을 논할 때 빼놓을 수 없는 그 유명한 '이중매매' 사건입니다. 이미 알다시피, 계약은 자유이지요. 콩쥐는 춘향이에게 땅을 팔기로 계약을 했다가, 마음이 바뀌어 다시 팥쥐에게 땅을 팔기로 계약을 할 수도 있습니다. 다만 그 마음을 바꾸는 과정에서 혹시 '선량한 풍속 기타 사회질서'에 반하는 사정이 있지 않았나 하는 것. 춘향이(제1매수인)의 주장대로 팥쥐(제2매수인)가 콩쥐(매도인)의 마음을 바꾸도록 졸라서 결국 팥쥐 자신과 계약하게 한 것이 우리의 '공서양속'에 반하는 것일까요? 우리 대법원은 실제 사건에서 다음과 같이 판단하였습니다.

부동산(땅)의 이중매매가 반사회적 법률행위로서 무효가 되기 위해서는 매도인(콩쥐)의 제1매수인(춘향이)에 대한 배임(배신)행위와 제2의 매수인(팥쥐)이 그 배임행위로 '적극가담'한 행위로 이루어진 매매여야 한다.

그 '적극가담'하는 행위란 제2의 매수인(팥쥐)이 제1의 매수인(춘향이)에게 매매목적물(땅)이 매도된 것을 아는 것만으로는 부족하고, 적어도 제1의 매도 사실을 알고도 제2의 매도를 요청하여 제2의 매매계약에 이르는 정도가 되어야 한다.

팥쥐가 콩쥐와 춘향이 사이에 계약이 되어 있다는 것을 잘 알면서도 콩쥐에게 자신과 계약을 하도록 요청하거나 유도하여 결국 계약을 한 것이라면, 그 계약은 반사회적 법률행위, 즉 선량한 풍속 기타 사회질서에 위반되어 무효라는 것입니다. 공서양속에 대해 우리 사회가 어떠한 기준으로 판단하고 있는지 잘 알 수 있는 대목입니다.

그럼 다음 계약들은 말할 것도 없겠지요. 청부살인 계약, 불륜관계 유지계약, 도박자금 대여계약, 위장 보험사고를 노린 생명보험 계약, 거짓 증언의 대가로 거액의 돈을 지급받는 계약, 어떤 일이 있어도 이혼하지 않겠다는 계약 등, 모두 민법 제103조 위반으로 무효이지요. 사적자치에도 한계가 있는 것입니다.

안토니오의 배들이 모두 난파뇌어 그가 파산했다는 소문이 돌았습니다. 안토니오는 가슴살을 베일 준비를 해야 했지요. 하지만 판사는—모두 아시다시피—다음처럼 판결을 내렸습니다.

"계약서에는 '살 1파운드'라고만 적혀 있소. 피는 단 한 방울도 준다는 말이 없지요. 정확하게 1파운드의 살을 자르되, 단 한 방울의 피도 흘려선 아니되오."

살을 베일 때 피가 흐르지 않을 수 없으니 결국 살을 벨 수 없다는 것. 판사의 명판결로 악덕 고리대금업자가 소송에서 졌다는 통쾌한 결론. 이것이 지금껏 우리가 알고 있는 이야기였지요. 하지만 판사의 판결은—법으로만 따진다면—잘못되었습니다. 샤일록과 안토니오의 계약은 '처음부터 무효'였기 때문이지요.

샤일록이 원한 안토니오의 고운 살점 1파운드는 심장에서 가까운 살이었습니다. 1파운드를 그램(g)으로 환산하면 약 450g. 유명 아이스크림 가게에서 판매하는 파인트 한 통이 320~340g이니, 사실 샤일록은 안토니오의 목숨을 노린 것이었지요. 빌린 돈을 갚지 못하면 목숨을 내놓으라는 것이죠. 반사회적인 법률행위이고, 공서양속에 반하여 당연히 무효인 법률행위입니다. 계약이 유효함을 전제로 해서, 살을 벨 때 피 흘리지 않을 수 없어서가 아니란 것이지요.

계약의 '무효'는 다시 몇 가지로 나눌 수 있답니다. 계약당사자를 포함하여 그 누구에게나 무효라면 '절대적 무효'라 하지요. 반면 그 계약이 유효라고 믿는 일정 사람들에게는 그렇지 않다면, 그것은 계약당사자 사이에서만 무효인 '상대적 무효'라고 합니다. 우리는 스스로의 법률관계를 스스로의 생각에 따라 자주적으로 형성할 수 있지요. 하지만 그 자유에는 한계가 있다는 것 역시 잘 알고 있습니다. 법은 도덕에 반하는 약속을 인정하지 않습니다. 선량한 풍속과 기타 사회질서에 반한다면 무효, '절대적 무효'입니다.

6
누구의 권리를 위하여 종은 울리나

어느 기본권의 손을
들어주어야 하는가

인간은 단지 인간이라는 이유만으로 천부의 권리인 인권을 향유합니다. 이는 이미 앞에서 살펴보았지요. 이제 이 '인권'을 '기본권'이라 부르고자 합니다. 인권이 국가의 헌법이라는 법체계에 짜넣어져 국민의 자유와 권리로서 보장된다면, 이것을 곧 '기본권'이라고 합니다. 우리 헌법이 기본권으로 정하고 있는 것들은 다음과 같습니다.

인간의 존엄과 가치·행복추구권, 평등권, 신체의 자유, 거주·이전의 자유, 직업선택의 자유, 주거의 자유, 사생활의 비밀과 자유, 통신의 자유, 양심의 자유, 종교의 자유, 언론·출판·집회·결사의 자유, 학문과 예술의 자유, 재산권, 선거권, 공무담임권, 청원권, 재판청구권, 형사보상청구권, 국가배상청구권, 범죄

피해자구조청구권, 교육을 받을 권리, 근로의 권리, 근로자의 단결권·단체교섭권·단체행동권, 인간다운 생활을 할 권리, 환경권, 혼인과 가족, 보건에 관한 권리.

인간은 누구도 섬이 아니며, 스스로 완전하지 않다. 모든 사람은 대륙 본토의 한 조각이며, 일부이다.

17세기 영국의 시인 존 던은 알 수 없는 병으로 수일을 고열에 시달렸지요. 그는 죽음의 문턱에서 건강, 질병, 고통, 죽음에 대해 기도와 명상을 썼습니다. 위 구절은 그중 일부입니다. 인간은 결코 홀로 사는 존재가 아니라는 것. 어느 누가 자신의 담배에 불을 붙인다면 그 흩어지는 담배의 연기는 다른 누구에게 도달하여 마셔지겠지요. 우리는 정해진 흡연구역에서만 담배를 피우도록 법을 만들어놓았습니다. 담배를 피우지 않는 사람의 건강권과 생명권을 위하여.

흡연자들은 반발했지요. "흡연은 정신적 스트레스를 해소하여주고 창의력이 늘어나도록 도와준다. 흡연 장소를 제한하는 법은 흡연자의 인간의 존엄과 가치, 행복추구권, 사생활의 자유를 침해한다. 헌법에 반하여 무효이다."

서로 다른 기본권의 주체(국민)가 서로 맞부딪치는 기본권을 주장한나면 국가는 어느 쪽의 손을 들어주어야 할까요. 이것을 '기본권의 충돌'이라고 합니다. 흡연권과 혐연권(담배 연기를 거부할 권리)이 충돌하는 경우는 물론, 방송사가 과거의 범죄사건을 보도함으로써 언론의 자유와 범인의 인격권이 충돌하는 경우라거나, 매연을 내뿜는 공장 주인의 직업의 자유와 근처 주민의 환경권이 충돌하는 경우와 같은 것들 말이지요. 헌법재판소는 다음과 같이 판단하였습니다.

흡연권은 사생활의 자유를 실질적 핵으로 하는 것이고 혐연권은 사생활의 자유뿐만 아니라 생명권에까지 연결되는 것이므로 혐연권이 흡연권보다 상위의 기본권이다. 상하의 위계질서가 있는 기본권끼리 충돌하는 경우에는 '상위기본권우선의 원칙'에 따라 하위 기본권이 제한될 수 있으므로, 흡연권은 혐연권을 침해하지 않는 한에서 인정되어야 한다.

헌법에 위반되지 않는다. 즉 합헌. 기본권 사이에 그 서열이 객관적으로 인정되는 경우에는 상위기본권을 하위기본권보다 우선 시킨다는 것입니다. 혐연권의 헌법적 근거는 '생명권'이지요. 인간의 모든 자유와 권리는 생명을 전제로 합니다. 인간의 생명에 대한 권리란 모든 기본권의 전제로서 기본권 중의 기본권입니다. 헌법재판소는 다음과 같이 말하고 있습니다.

기본권을 보장하는 목적은 인간의 존엄성을 실현하기 위한 것이다. 그러므로 우리 헌법구조에서 보다 더 중요한 자유영역과 덜 중요한 자유영역을 나눌 수 있다면, 이를 판단하는 유일한 기준은 '인간의 존엄성'이다. 따라서 인간의 존엄성을 실현하는 데 있어서 반드시 필요하고 근본적인 자유는 더욱 강하게 보호되어야 하고 이에 대한 제한은 더욱 엄격히 심사되어야 하는 반면에, 인간의 존엄성의 실현에 있어서 부차적이고 잉여적인 자유는 공익상의 이유로 보다 더 광범위한 제한이 가능하다고 할 것이다.

상위기본권우선의 원칙. 이것을 '이익 형량(비교판단)의 원칙'이라고도 합니다.

그럼 이런 경우는 어떻게 해결해야 할까요. 잘못된 신문보도로 피해를 입은 사람이 그 보도에 대하여 반박문을 싣게 해달라고 신문사에 요청하였습니다. 그러나 신문사는 그러한 요청을 할 수 있는 권리(즉 반론권)를 인정하는 법이 오히려 자신의 언론의 자유를 침해한다며 거부하였지요. 언론의 자유와 반론권이 충돌하는 경우입니다. 이뿐만이 아니지요.

근로자는 노동조합(노조)과 같은 근로자단체를 만들어서 집단으로 사용자(즉 회사의 주인)에 대항하여 근로조건 등의 향상을 꾀할 수 있는 '단결권'이 있답니다. 헌법상 보장된 기본권이지요. 유니언숍union shop에 의해 노조를 강화하고자 그 가입을 강제할 수도 있습니다. 그런데 그 노조를 특정 노조로 제한한다면 어떨까요. 특정 노조에 모든 근로자의 가입을 강제한다면, 다른 노조에 가입하기를 원하는 근로자에게는 노조 선택의 자유(단결선택권)와 특정 노조의 단결권이 충돌하는 경우가 될 것입니다. 이처럼 기본권들 사이에서 그 서열을 쉽게 확정할 수 없는 경우들이 있죠. 이때는 어떻게 해결해야 할까요.

미국의 노벨문학상 수상자인 어니스트 헤밍웨이의 소설 『누구를 위하여 종은 울리나』는 스페인 내전을 배경으로 하고 있습니다. 스페인 내전은 1936년 총선거를 통하여 수립된 민주공화국에 대해 군부 파시스트 세력이 반란을 일으켜 시작된 전쟁이지요. 소설의 간략한 줄거리는 이렇습니다. 미국의 젊은 대학교수인 로버트 조던은 파시즘에 반대하며 공화국 편 게릴라 부대의 일원으로 참전합니다. 그는 적군의 다리를 폭파하는 작전을 맡아 성공하지만 그 과정에서 크게 다치고 말지요. 움직일 수 없게 된 로버트는 동료들을 설득하여 탈출시키고는 홀로 남아 죽음을 기다립니다. For whom the bell tolls(누구를 위하여 종은 울리나). 소설의 제목은 헤밍웨이가 창작한 것이 아닙니다. 인간은 섬이 아니라던 존 던의 명상 구절에서 따온 것입니다. 존 던의 명상은 아직 끝나지 않았습니다.

흙 한 덩이가 바닷물에 씻겨나가면, 대륙은 그만큼 작아진다. 누구의 죽음이든 나를 줄어들게 한다. 나 역시 인류에 속해 있기 때문이다. 그러니 누구를 위하여 종을 울리는지(for whom the bell tolls) 알아보려고 사람을 보내지 마라. 그것은 바로 그대를 위해 울리는 것이니.

'toll'이란 죽은 사람을 애도하며 천천히 종을 울린다는 의미입니다. 따라서 더 정확한 해석은 다음과 같지요. '누구의 죽음을 애도하려 종을 울리는지 알아보려고 사람을 보내지 마라. 그것은 바로 그대의 죽음을 알리는 것이니.' 다른 누군가의 죽음도 곧 자기의 죽음이라는 것. 인류의 연대성(서로 연결되어 있는 성질)에 대한 암시입니다. 언론의 자유를 주장했던 신문사는 피해자의 반박문을 실어야 했습니다.

두 기본권이 서로 충돌하는 경우에는 헌법의 통일성을 유지하기 위하여 상충하는 기본권 '모두'가 최대한으로 그 기능과 효력을 나타낼

누구의 권리를 위하여 종은 울리나

수 있도록 하는 조화로운 방법이 모색되어야 할 것이다.

충돌하는 기본권 모두의 본질적인 내용을 훼손하지 않으면서 그 효력을 가장 알맞고 바르게 발휘할 수 있도록 기본권들을 조화시켜야 한다는 '규범조화적 해석의 원칙.' 이에 따라 헌법재판소는 반론권이 언론의 자유와 충돌하는 면이 없지는 않으나 전체적으로 서로 합리적인 조화를 이루고 있다고 판단한 것입니다. 근로자의 단결선택권과 노조의 단결권이 충돌하는 사건에 대해서도 헌법재판소는 합헌 결정을 내렸습니다.

'개인적 단결권'은 헌법상 단결권의 기초이자 집단적 단결권의 전제가 된다. 반면에, '집단적 단결권'은 개인적 단결권을 바탕으로 조직되고 강화된 단결체를 통하여 사용자와 사이에 실질적으로 대등한 관계를 유지하기 위해 반드시 필요하다. 즉 '개인적 단결권'이든 '집단적 단결권'이든 기본권의 서열이나 법익의 형량을 통하여 어느 쪽을 우선시키고 다른 쪽을 후퇴시킬 수는 없다.
이러한 경우 헌법의 통일성을 유지하기 위하여 상충하는 기본권 '모두'가 최대한으로 그 기능과 효력을 발휘할 수 있도록 조화로운 방법을 선택하되, 법익형량의 원리, 입법에 의한 선택적 재량 등을 종합적으로 참작하여야 한다.

특정 노조의 범위를 엄격하게 제한하고 그 노조의 권한남용으로부터 근로자를 보호하기 위한 규정을 두는 등 전체적으로 두 기본권 사이에 합리적인 조화를 이루고 있으므로, 특정 노조에의 가입 강제는 근로자 단결선택권의 본질적 내용을 침해하지 않는다고 판단한 것입니다. '규범조화적 해석'으로 어느 기본권도 함부로 배제하지 않은 것입니다.

미국인 교수 로버트는 왜 아무런 연고도 없는 스페인의 내전에 뛰어들어 목숨을 걸고 싸웠을까요. 누군가에게는 도무지 이해하기 힘든 일일 수도 있겠지요. 하지만 그는 다른 나라의 전쟁도, 다른 사람의 죽음도, 모두 자기의 전쟁이고 죽음이라고 생각했기 때문입니다. 다른 사람의 자유와 권리도 결국 자기의 자유와 권리라고 생각했기 때문이지요. 기본권의 충돌 그리고 누구의 '권리'를 위하여 종은 울리나(For whose 'rights' the bell tolls). 기본권의 서열을 분명히 할 수 없는데 자기 기본권의 행사를 위하여 충돌하는 다른 사람의 기본권을 침해한다면, 그것은 결국 자기 기본권의 본질을 스스로 침해하는 결과로 되돌아올 것입니다.

우리가 가진 권리에 대하여 잘 안다는 것은 그 권리를 제대로 행사할 수 있음은 물론, 그 권리에 대한 침해가 있을 때 그에 대한 방어 역시 잘할 수 있음을 의미할 테지요. 그럼 우리는 어떠한 권리를 가지고 있을까요. 우리 헌법은 다음과 같이 국민의 권리(기본권)에 대해 정하고 있습니다. 자, 여러분에게 주어진 권리를 직접 확인해보시기 바랍니다.

[대한민국헌법]

제10조(인간의 존엄과 가치·행복추구권)

모든 국민은 인간으로서의 존엄과 가치를 가지며, 행복을 추구할 권리를 가진다. 국가는 개인이 가지는 불가침의 기본적 인권을 확인하고 이를 보장할 의무를 진다.

제11조(평등권)

① 모든 국민은 법 앞에 평등하다. 누구든지 성별·종교 또는 사회적 신분에 의하여 정치적·경제적·사회적·문화적 생활의 모든 영역에

있어서 차별을 받지 아니한다.

② 사회적 특수계급의 제도는 인정되지 아니하며, 어떠한 형태로도 이를 창설할 수 없다.

③ 훈장 등의 영전은 이를 받은 자에게만 효력이 있고, 어떠한 특권도 이에 따르지 아니한다.

제12조(신체의 안전과 자유)

① 모든 국민은 신체의 자유를 가진다. 누구든지 법률에 의하지 아니하고는 체포·구속·압수·수색 또는 심문을 받지 아니하며, 법률과 적법한 절차에 의하지 아니하고는 처벌·보안처분 또는 강제노역을 받지 아니한다.

② 모든 국민은 고문을 받지 아니하며, 형사상 자기에게 불리한 진술을 강요당하지 아니한다.

③ 체포·구속·압수 또는 수색을 할 때에는 적법한 절차에 따라 검사의 신청에 의하여 법관이 발부한 영장을 제시하여야 한다. 다만, 현행범인인 경우와 장기 3년 이상의 형에 해당하는 죄를 범하고 도피 또는 증거인멸의 염려가 있을 때에는 사후에 영장을 청구할 수 있다.

④ 누구든지 체포 또는 구속을 당한 때에는 즉시 변호인의 조력을 받을 권리를 가진다. 다만, 형사피고인이 스스로 변호인을 구할 수 없을 때에는 법률이 정하는 바에 의하여 국가가 변호인을 붙인다.

누구의 권리를 위하여 종은 울리나

⑤ 누구든지 체포 또는 구속의 이유와 변호인의 조력을 받을 권리가 있음을 고지받지 아니하고는 체포 또는 구속을 당하지 아니한다. 체포 또는 구속을 당한 자의 가족 등 법률이 정하는 자에게는 그 이유와 일시·장소가 지체없이 통지되어야 한다.

⑥ 누구든지 체포 또는 구속을 당한 때에는 적부의 심사를 법원에 청구할 권리를 가진다.

⑦ 피고인의 자백이 고문·폭행·협박·구속의 부당한 장기화 또는 기망 기타의 방법에 의하여 자의로 진술된 것이 아니라고 인정될 때 또는 정식재판에 있어서 피고인의 자백이 그에게 불리한 유일한 증거일 때에는 이를 유죄의 증거로 삼거나 이를 이유로 처벌할 수 없다.

제13조(신체의 안전과 자유)

① 모든 국민은 행위시의 법률에 의하여 범죄를 구성하지 아니하는 행위로 소추되지 아니하며, 동일한 범죄에 대하여 거듭 처벌받지 아니한다.

② 모든 국민은 소급입법에 의하여 참정권의 제한을 받거나 재산권을 박탈당하지 아니한다.

③ 모든 국민은 자기의 행위가 아닌 친족의 행위로 인하여 불이익한 처우를 받지 아니한다.

제14조(거주·이전의 자유)

모든 국민은 거주·이전의 자유를 가진다.

제15조(직업의 자유)

모든 국민은 직업선택의 자유를 가진다.

제16조(주거의 자유)

모든 국민은 주거의 자유를 침해받지 아니한다. 주거에 대한 압수나 수색을 할 때에는 검사의 신청에 의하여 법관이 발부한 영장을 제시하여야 한다.

제17조(사생활의 비밀과 자유)

모든 국민은 사생활의 비밀과 자유를 침해받지 아니한다.

제18조(통신의 자유)

모든 국민은 통신의 비밀을 침해받지 아니한다.

제19조(양심의 자유)

모든 국민은 양심의 자유를 가진다.

제20조(종교의 자유)

① 모든 국민은 종교의 자유를 가진다.

누구의 권리를 위하여 종은 울리나

② 국교는 인정되지 아니하며, 종교와 정치는 분리된다.

제21조(언론·출판·집회·결사의 자유)

① 모든 국민은 언론·출판의 자유와 집회·결사의 자유를 가진다.

② 언론·출판에 대한 허가나 검열과 집회·결사에 대한 허가는 인정 되지 아니한다.

③ 통신·방송의 시설기준과 신문의 기능을 보장하기 위하여 필요한 사항은 법률로 정한다.

④ 언론·출판은 타인의 명예나 권리 또는 공중도덕이나 사회윤리를 침해하여서는 아니된다. 언론·출판이 타인의 명예나 권리를 침해한 때에는 피해자는 이에 대한 피해의 배상을 청구할 수 있다.

제22조(학문과 예술의 자유)

① 모든 국민은 학문과 예술의 자유를 가진다.

② 저작자·발명가·과학기술자와 예술가의 권리는 법률로써 보호한다.

제23조(재산권)

① 모든 국민의 재산권은 보장된다. 그 내용과 한계는 법률로 정한다.

③ 공공필요에 의한 재산권의 수용·사용 또는 제한 및 그에 대한 보 상은 법률로써 하되, 정당한 보상을 지급하여야 한다.

제24조(선거권)

모든 국민은 법률이 정하는 바에 의하여 선거권을 가진다.

제25조(공무담임권)

모든 국민은 법률이 정하는 바에 의하여 공무담임권을 가진다.

제26조(청원권)

① 모든 국민은 법률이 정하는 바에 의하여 국가기관에 문서로 청원할 권리를 가진다.

② 국가는 청원에 대하여 심사할 의무를 진다.

제27조(재판청구권)

① 모든 국민은 헌법과 법률이 정한 법관에 의하여 법률에 의한 재판을 받을 권리를 가진다.

② 군인 또는 군무원이 아닌 국민은 대한민국의 영역안에서는 중대한 군사상 기밀·초병·초소·유독음식물공급·포로·군용물에 관한 죄 중 법률이 정한 경우와 비상계엄이 선포된 경우를 제외하고는 군사법원의 재판을 받지 아니한다.

③ 모든 국민은 신속한 재판을 받을 권리를 가진다. 형사피고인은 상당한 이유가 없는 한 지체없이 공개재판을 받을 권리를 가진다.

④ 형사피고인은 유죄의 판결이 확정될 때까지는 무죄로 추정된다.

누구의 권리를 위하여 좋은 울리나

⑤ 형사피해자는 법률이 정하는 바에 의하여 당해 사건의 재판절차에서 진술할 수 있다.

제28조(형사보상청구권)

형사피의자 또는 형사피고인으로서 구금되었던 자가 법률이 정하는 불기소처분을 받거나 무죄판결을 받은 때에는 법률이 정하는 바에 의하여 국가에 정당한 보상을 청구할 수 있다.

제29조(국가배상청구권)

① 공무원의 직무상 불법행위로 손해를 받은 국민은 법률이 정하는 바에 의하여 국가 또는 공공단체에 정당한 배상을 청구할 수 있다. 이 경우 공무원 자신의 책임은 면제되지 아니한다.

② 군인·군무원·경찰공무원 기타 법률이 정하는 자가 전투·훈련 등 직무집행과 관련하여 받은 손해에 대하여는 법률이 정하는 보상 외에 국가 또는 공공단체에 공무원의 직무상 불법행위로 인한 배상은 청구할 수 없다.

제30조(범죄피해자구조청구권)

타인의 범죄행위로 인하여 생명·신체에 대한 피해를 받은 국민은 법률이 정하는 바에 의하여 국가로부터 구조를 받을 수 있다.

제31조(교육을 받을 권리)

① 모든 국민은 능력에 따라 균등하게 교육을 받을 권리를 가진다.

③ 의무교육은 무상으로 한다.

④ 교육의 자주성·전문성·정치적 중립성 및 대학의 자율성은 법률이 정하는 바에 의하여 보장된다.

⑤ 국가는 평생교육을 진흥하여야 한다.

⑥ 학교교육 및 평생교육을 포함한 교육제도와 그 운영, 교육재정 및 교원의 지위에 관한 기본적인 사항은 법률로 정한다.

제32조(근로의 권리)

① 모든 국민은 근로의 권리를 가진다. 국가는 사회적·경제적 방법으로 근로자의 고용의 증진과 적정임금의 보장에 노력하여야 하며, 법률이 정하는 바에 의하여 최저임금제를 시행하여야 한다.

③ 근로조건의 기준은 인간의 존엄성을 보장하도록 법률로 정한다.

④ 여자의 근로는 특별한 보호를 받으며, 고용·임금 및 근로조건에 있어서 부당한 차별을 받지 아니한다.

⑤ 연소자의 근로는 특별한 보호를 받는다.

⑥ 국가유공자·상이군경 및 전몰군경의 유가족은 법률이 정하는 바에 의하여 우선적으로 근로의 기회를 부여받는다.

누구의 권리를 위하여 종은 울리나

제33조(근로자의 단결권·단체교섭권·단체행동권)

① 근로자는 근로조건의 향상을 위하여 자주적인 단결권·단체교섭권 및 단체행동권을 가진다.

② 공무원인 근로자는 법률이 정하는 자에 한하여 단결권·단체교섭권 및 단체행동권을 가진다.

③ 법률이 정하는 주요 방위산업체에 종사하는 근로자의 단체행동권은 법률이 정하는 바에 의하여 이를 제한하거나 인정하지 아니할 수 있다.

제34조(인간다운 생활을 할 권리)

① 모든 국민은 인간다운 생활을 할 권리를 가진다.

② 국가는 사회보장·사회복지의 증진에 노력할 의무를 진다.

③ 국가는 여자의 복지와 권익의 향상을 위하여 노력하여야 한다.

④ 국가는 노인과 청소년의 복지향상을 위한 정책을 실시할 의무를 진다.

⑤ 신체장애자 및 질병·노령 기타의 사유로 생활능력이 없는 국민은 법률이 정하는 바에 의하여 국가의 보호를 받는다.

⑥ 국가는 재해를 예방하고 그 위험으로부터 국민을 보호하기 위하여 노력하여야 한다.

제35조(환경권)

① 모든 국민은 건강하고 쾌적한 환경에서 생활할 권리를 가지며, 국가와 국민은 환경보전을 위하여 노력하여야 한다.

② 환경권의 내용과 행사에 관하여는 법률로 정한다.

③ 국가는 주택개발정책 등을 통하여 모든 국민이 쾌적한 주거생활을 할 수 있도록 노력하여야 한다.

제36조(혼인과 가족, 보건에 관한 권리)

① 혼인과 가족생활은 개인의 존엄과 양성의 평등을 기초로 성립되고 유지되어야 하며, 국가는 이를 보장한다.

② 국가는 모성의 보호를 위하여 노력하여야 한다.

③ 모든 국민은 보건에 관하여 국가의 보호를 받는다.

* 또한 헌법은 국민의 기본의무에 대해서도 정해놓고 있지요.

제23조(재산권 행사의 공공복리 적합의무)

② 재산권의 행사는 공공복리에 적합하도록 하여야 한다.

제31조(교육을 받게 할 의무)

② 모든 국민은 그 보호하는 자녀에게 적어도 초등교육과 법률이 정하는 교육을 받게 할 의무를 진다.

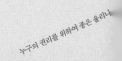
누구의 권리를 위하여 좋은 울리나

제32조(근로의 의무)

② 모든 국민은 근로의 의무를 진다. 국가는 근로의 의무의 내용과 조건을 민주주의원칙에 따라 법률로 정한다.

제35조(환경보전의 의무)

① 모든 국민은 건강하고 쾌적한 환경에서 생활할 권리를 가지며, 국가와 국민은 환경보전을 위하여 노력하여야 한다.

제38조(납세의 의무)

모든 국민은 법률이 정하는 바에 의하여 납세의 의무를 진다.

제39조(국방의 의무)

① 모든 국민은 법률이 정하는 바에 의하여 국방의 의무를 진다.

② 누구든지 병역의무의 이행으로 인하여 불이익한 처우를 받지 아니한다.

7

연기와 불의 책임

범죄는 어떻게 성립하는가

그녀는 그의 손목을 잡고 세게 비틀었습니다. 그의 얼굴을 때리고 그의 목을 할퀴었지요. 그는 법전을 펼쳤습니다.

사람의 신체에 대하여 폭행을 가한 자는 2년 이하의 징역, 500만원 이하의 벌금, 구류 또는 과료에 처한다.

형법 제260조 제1항, 폭행죄에 관한 규정입니다. 형법은 '사람의 신체에 대하여 폭행을 가한' 행위를 금지하고 있지요. 이와 같이 금지되는 행위를 범죄를 구성하는 요건, 즉 '구성요건'이라고 합니다. 그리고 그 '폭행'이란 신체적 고통을 주는 강제적인 힘의 작용을 의미하지요.

손목을 잡아 비틀고, 때리고, 할퀴었다. 그녀는 강제적인 힘으로 그의 신체에 고통을 주었습니다. '폭행'에 해당하는 것. 이를 두고 폭행죄의 구성요건에 해당한다거나 폭행죄의 '구성요건해당성'이 인정되는 것이라 하지요. 그렇다면 그녀는 폭행죄의 유죄인가요. 그녀에게 폭행죄가 '성립'할까요. 그 판단을 하기에는 아직 이릅니다. 이제 저 멀리 '연기'가 피어오르는 것을 목격했을 뿐이지요.

'연기'는 구성요건, '불'은 위법성.

범죄가 성립하려면 '위법성'이 인정되어야 합니다. 위법성이란 법질서 전체의 입장과 모순되거나 충돌되어 불법을 실현시켰다는 부정적인 가치판단이지요. 하지만 우리는 그 행위가 무엇 때문에 위법한지 찾지 않을 것입니다. 연기의 존재는 불의 존재를 추측하게 하지요. 즉 구성요건해당성이 인정되는 행위는 일단 위법하다고 '추정'되기 때문입니다. 따라서 위법성을 '확정'하기 위해서는 그 추정되는 위법성을 '제거'하는 사정이 있는지 확인하여야 합니다. 위법성을 '조각'내는 사정, 이것을 '위법성조각사유'라고 합니다.

자, 지금 우리는 '구성요건'의 단계를 넘어 '위법성'의 단계로

들이와 있습니다. 연기의 원인이 '불'이 맞는지 그녀의 행위가 위법한지 '확정'하여야 할 차례. 룰rule은 간단합니다. 위법성조각사유가 있다면 위법하지 않은 것으로, 없다면 위법한 것으로 확정됩니다.

그의 손목은 비틀렸고 손톱에 긁힌 목 부분엔 선홍색 모세혈관이 비쳤지요. 그러나 그 정도라면 괜찮다는 듯 그는 개의치 않았습니다. 그리고 그녀의 목을 강하게 조르는 것을 멈추지 않았지요. 곧 의식을 잃을 듯, 그녀의 필사적인 몸부림이 이어졌습니다. 그 '폭행'이란 그녀 최후의 저항수단이었습니다.

"법은 불법에 양보할 필요가 없다."

형법 제21조 제1항, '정당방위'입니다. 형법이 정하고 있는 위법성조각사유 중 하나이지요.

현재의 부당한 침해로부터 자기 또는 타인의 법익(법이 보호하고자 하는 이익)을 방위하기 위하여 한 행위는 상당한 이유가 있는 경우에는 벌하지 아니한다.

그녀는 그의 부당한 침해로부터 자신의 안전을 지키고자 했을 뿐입니다. 그곳에 '불'은 존재하지 않았습니다. 그녀의 행위는 —위법성이 조각되어—위법하지 않은 것으로 확정되었습니다. 연기의 존재만으론 누구도 처벌할 수 없지요. 폭행죄 불성립. 그녀는 무죄입니다.

다만 여기 또 다른 연기가 피어오르고 있음을 우리는 이미 목격하고 있지요. 그는 그녀의 목을 졸랐습니다. 폭행죄의 구성요건에 해당합니다. 그 위법성이 추정되고 있습니다. 다시 한 번 불의 존재 여부, 즉 위법성조각사유의 존부를 확인할 차례입니다.

그는 그녀가 정신을 잃기 직전까지만 그녀의 목을 조였다가 풀기를 반복하였습니다. 단순한 장난일 뿐이라고, 그녀가 고통스러워하는 모습이 흥미로웠다고 그는 순순히 자백하였지요. 그에게는—그녀와 달리—방어해야 할 침해도, 피해야 할 위험도 없었습니다. 위법성을 조각할 사정이란 없었습니다. 연기가 피어오르던 곳에서는 불꽃이 일렁이고 있었지요. 그의 행동은 '확정'적으로 위법해졌습니다.

이제 그는 유죄인가요. 그에게 폭행죄가 '성립'하는 걸까요. 그 판단을 하기에는 여전히 이르답니다. 거쳐야 할 단계가 하나 더 남아 있습니다.

사실 범죄가 성립하려면 세 개의 단계를 거쳐야 해요. 범죄란 세 개의 체계로 갖추어져 있습니다. 이른바 '3단계 범죄체계론'입니다. 첫 번째, 두 번째 단계에 대해서는 이미 잘 알고 있지요. '연기'는 구성요건, '불'은 위법성. 어떤 행동이 법이 정해놓은 구성요건에 해당한다면, 다음으로 그 위법성을 확인하여야 한다는 것. 그리고 세 번째는 '책임'의 단계입니다.

  범죄가 '성립'하려면 그 불을 피운 사람을 '비난'할 수 있어야 합니다. 합법을 결심하여 행동할 수 있었음에도 불구하고, 불법을 결심하여 행동하였다는 것에 대한 법적인 비난. 그를 법적으로 비난할 수 있다는 것은 법적인 '책임'을 물을 수 있다는 것과 같은 의미이지요. 다시 말해 그를 비난할 수 없다면 그는 책임이 없어 무죄입니다. 그가 불을 피울 수밖에 없었던—그에게 비난의 화살을 돌릴 수 없는—사정이 있었는지 아직 알 수 없습니다. 불법을 저지른 그를 과연 비난할 수 있는가. 마지막 단계는 불에 대한 그의 '책임'을 확인하는 단계입니다.

  예를 들면 이런 것이지요.

  저항할 수 없는 폭력이나 자기 또는 친족의 생명, 신체에 대한 위해(위험과 해악)를 방어할 방법이 없는 협박에 의하여 강요된 행위는 벌하지 아니한다.

형법 제12조, '강요된 행위'입니다. 산간마을의 어느 주민이 몰래 숨어든 북한 간첩들에게 밥을 주고 또 경찰서의 위치를 알려주었습니다. '말을 듣지 않으면 싹 밀어버린다.' 그것은 수류탄과 기관총으로 무장한 그들의 위협 때문이었지요. 실제 사건입니다. 대법원은 그 주민에게 간첩방조죄(간첩을 도와준 죄)가 성립하지 않는다고 판단하였습니다. 그런 상황이라면 누구라도 그렇게 행동할 수밖에 없었을 것이고, 그래서 누구도 쉽게 그를 비난할 수 없었기 때문이지요. 이처럼 적법하게 행동할 것을 기대할 수 없는—그러니까 '적법행위에 대한 기대가능성'이 없는—특수한 경우라면 그 적법하게 행동하지 않은 것을 비난할 수 없고, 그 적법하게 행동하지 않은 것을 비난할 수 없다면 결국 책임이 조각되어 무죄가 됩니다. '강요된 행위'는 이와 같은 책임조각사유 중 하나입니다.

그러나 누구도 그에게 그녀의 목을 조를 것을 강요하지 않았지요. 그것은 오롯한 그의 자유의지였습니다. 형법 제12조로는 그의 책임을 조각할 수 없습니다. 책임을 조각할 다른 사정이 없는 한 그에겐 유죄가 선고될 터이지요. 다만 그의 나이가 걸립니다.

책임이란 적법하게 행동할 수 있는 '책임능력'을 필요로 합니다. 책임능력이란 행동의 옳고 그름을 가려서 그에 따라 행동할 수 있는 능력을 말하지요. 고로 책임능력이 없다면 그를 법적으로 비난할 수 없습니다. 심각한 정신질환이 있거나 술에 취해서 지적 능력을 완전히 '잃어버린' 것과 같은 경우이지요. 이를 '심신상실'이라고 합니다. 그리고 만 14세 미만의 경우가 있습니다.

(만) 14세 되지 아니한 자의 행위는 벌하지 아니한다.

형법 제9조는 만 14세 미만이라는 오직 생물학적 기준만으로 책임능력이 없는 자를 정하고 있습니다. 절대적 책임무능력자. '형사미성년자'라고 합니다. 형사미성년자의 행동에 대해서는 —소년법에 의한 보호처분이 아닌—'형벌'을 과할 수 없습니다. 아직 성장의 과정에 있는 소년의 특수한 정신적 상황과 앞으로 더 나아질 것이라는 믿음 때문이지요.

그녀의 목을 조르던 당시 그의 나이 만 13세. 단순한 장난일 뿐이라고. 그녀가 고통스러워하는 모습이 흥미로웠다고. 성숙하지 못한 그의 지적 능력을 법적으론 비난할 수 없다는 것. 책임조각, 더 볼 것 없이 그는 폭행죄 '무죄'입니다.

사실 실제 사건은 이렇습니다.

대학교 2학년생(만 20세)인 그는 같은 과의 그녀에게 자신을 만나달라고 요구하였지만, 그녀는 응해주지 않았습니다. 앙심을 품은 그는 그녀를 스토킹하기 시작했고 급기야는 그녀가 사는 원룸까지 찾아갔지요. 그녀가 경찰에 신고하겠다고 하자 그는 그녀의 목을 졸랐습니다. 단순한 장난도, 그녀가 고통스러워하는 모습이 흥미로워서도 아니었지요. 오로지 그녀를 죽이고자 했습니다. 그녀는 필사적으로 그의 손목을 비틀고, 얼굴을 때리고, 목을 할퀴었습니다. 그러나 역부족이었지요. 곧 의식을 잃을 듯, 그녀는 그의 두 손아귀에 의지한 채 숨과 생각을 잃었습니다.

사람을 살해한 자는 사형, 무기 또는 5년 이상의 징역에 처한다.

형법 제250조 제1항, 살인죄에 관한 조항입니다. 자, 범죄는 어떻게 성립하는가. 3단계 범죄체계론. 복습입니다.

그는 그녀를 살해하기 위해 그녀의 목을 졸랐고, 결국 그녀를 살해하였지요. 이는 형법이 정한 살인죄의 구성요건(1단계)에 해당합니다. 지금 저 멀리 연기가 피어오르고 있군요.

혹시 불이 난 것이 아닐까. 그 행동은 위법(2단계)한 것으로 추정되고 있지요. 하지만 그 추정을 뒤집을 만한 사정은 보이지 않습니다. 그에게 닥친 갑작스러운 침해나 위험을 방어하거나 피하려고 어쩔 수 없이 그녀를 살해한 것이 아닙니다. 그는 단지 그녀가 신고할까 두려웠던 것뿐이지요. 연기의 원인은 불이 맞았습니다. 그의 행동은 위법한 것으로 확정되었습니다.

하지만 그의 행동을 비난할 수 있을까요. 형법은 그에게 책임(3단계)을 물을 수 있을까요. 그는—더 이상 형사미성년자도 아닐 뿐 아니라—어떤 행동이 금지되고 어떤 행동이 금지되지 않는지 충분히 분별할 수 있었습니다. 누군가로부터 그녀를 살해할 것을 강요받은 것도 아니었습니다. 그에게 그녀를 살해하지 않을 것을 기대하지 않을 사정이란 없었지요. 다시 말해 그가 그녀를 살해하지 않을 것(적법행위)을 기대할 수 있었습니다. 하지만 그는 결국 그녀를 살해하였지요. 기대를 저버렸으니 비난받아 마땅합니다.

구성요건해당성, 위법성, 책임까지 모두 인정된다면 그때 범죄가 성립합니다. 사건의 결론입니다. 살인죄가 '성립'합니다. 그에게는 살인죄 '유죄'가 선고되었습니다.

그는 그녀를 살해한 직후 멀리 여행을 떠났지요. 곧 그의 SNS에는 '여행인증샷'이 올라왔습니다. 여행의 숨은 목적은 알리바이alibi('범죄가 일어난 때에 범죄 현장이 아닌 다른 곳에 있었다'는 증명)의 조작이었지요. 그러나 완전범죄란 없습니다. 그녀의 손톱에서 남자의 DNA가 나왔고, 그 '인증샷' 속 그의 목 부분에는 손톱자국이 선명했습니다.

연기와 불의 책임

리걸 마인드 저장소

[형법이 정하고 있는 위법성조각사유]

제20조(정당행위)

법령에 의한 행위 또는 업무로 인한 행위 기타 사회상규에 위배되지

아니하는 행위는 벌하지 아니한다.

제21조(정당방위)

① 현재의 부당한 침해로부터 자기 또는 타인의 법익을 방위하기 위

하여 한 행위는 상당한 이유가 있는 경우에는 벌하지 아니한다.

제22조(긴급피난)

① 자기 또는 타인의 법익에 대한 현재의 위난을 피하기 위한 행위는

상당한 이유가 있는 때에는 벌하지 아니한다.

제23조(자구행위)

① 법률에서 정한 절차에 따라서는 청구권을 보전할 수 없는 경우에

그 청구권의 실행이 불가능해지거나 현저히 곤란해지는 상황을 피

하기 위하여 한 행위는 상당한 이유가 있는 때에는 벌하지 아니한다.

제24조(피해자의 승낙)

처분할 수 있는 자의 승낙에 의하여 그 법익을 훼손한 행위는 법률에
특별한 규정이 없는 한 벌하지 아니한다.

[형법이 정하고 있는 책임조각·감경사유]

제9조(형사미성년자)

14세 되지 아니한 자의 행위는 벌하지 아니한다.

제10조(심신장애인)

① 심신장애로 인하여 사물을 변별한 능력이 없거나 의사를 결정할
능력이 없는 자의 행위는 벌하지 아니한다.

② 심신장애로 인하여 전항의 능력이 미약한 자의 행위는 형을 감경
할 수 있다.

제11조(청각 및 언어 장애인)

듣거나 말하는 데 모두 장애가 있는 사람의 행위에 대해서는 형을 감

연기와 불의 책임

경한다.

제12조(강요된 행위)

저항할 수 없는 폭력이나 자기 또는 친족의 생명, 신체에 대한 위해를
방어할 방법이 없는 협박에 의하여 강요된 행위는 벌하지 아니한다.

제16조(법률의 착오)

자기의 행위가 법령에 의하여 죄가 되지 아니하는 것으로 오인한 행
위는 그 오인에 정당한 이유가 있는 때에 한하여 벌하지 아니한다.

8

전지적 민법 시점

**사람의 일생 동안
민법은 어떻게 작동하는가**

사내아이가 태어났습니다. 아이에게는 '민'이라는 이름이 붙여졌지요. 백성 민民. 공교롭게도 그 이름은 민법民法의 그것과 같습니다.

사람은 생존한 동안 권리와 의무의 주체가 된다.

민법 제3조, 모든 사람은 살아 있는 동안 '권리능력'을 가진다는 의미입니다. '권리'란 이익을 누릴 수 있도록 법에 의해 주어진 힘을 말하고, '권리능력'이란 그 권리를 가질 수 있는 자격을 말합니다. 권리를 가질 수 있다면 의무도 부담할 수 있으니 권리능력이란 동시에 의무능력이기도 하지요. 민의 권리능력은 그의 출생과 함께 시작되었습니다. 그것은 그가 죽을 때까지 존속합니다. 민은 곧 '권리주체'입니다.

민은 성장하면서 다양한 사람들과 다양한 생활관계를 맺겠지요. 그중에서 법으로 규율되는 관계를 '법률관계'라고 합니다. 예를 들면 물건을 사고파는 관계 같은 것 말이지요. 이러한 법률관계는 법률행위에 의해 만들어집니다. 법률행위란 자기의 의지와 생각에 따라 법률관계를 만들 수 있는 도구입니다. 물건을 사고파는 관계라면 그 사고팔 것을 약속, 즉 계약하는 행위 따위가될 것이지요.

그러나 민은 아직 이 '법률행위'를 할 수 없습니다. 그는 이제막 옹알이를 시작한 유아일 뿐이죠. 누구도 민이 하는 혼잣소리를 듣고 그의 딸랑이를 판다고 여기지는 않겠지요. 그는 아직 '의사능력'이 없기 때문입니다.

의사능력이란 자기가 하는 행동의 의미를 인식하고 판단하여 자기가 무엇을 하고자 하는 생각, 즉 자기 의사를 결정할 수 있는 정신능력을 말합니다. 의사능력이 없는 사람의 법률행위는 처음부터 당연히 효력이 없는 것으로 확정되는 '무효'입니다. 사적자치의 원칙이란 권리주체의 의사를 존중하여 그 의사대로의 효

전지적 민법 시점

과를 인정해주겠다는 것인데, 의사능력이 없는 자의 의사표시는 존중하거나 인정해줄 가치가 없기 때문이지요. 이러한 '의사무능력자'는 유아뿐만 아니라, 중증의 정신병을 앓고 있거나 술에 만취한 사람도 해당할 수 있습니다.

어느새 민은 중학생이 되었습니다. 이제는 자기 행동의 의미를 합리적으로 판단하여 자기 의사를 결정할 수 있겠지요. 의사능력이 있다는 것이죠. 그렇다면 그의 법률행위는 일단 유효합니다. '일단' 유효. 다시 무효가 될 수 있다는 의미겠지요. 아직 '독자적으로' 법률행위를 유효하게 할 수 없기 때문입니다.

사람은 (만) 19세로 성년에 이르게 된다.

민법 제4조. 미성년자이기 때문이지요. 법률행위가 효력을 발휘하기 위해서는 권리능력, 의사능력, '행위능력'이 필요합니다. 행위능력이란 '독자적으로' 유효하게 법률행위를 할 수 있는 자격을 말합니다. 그런데 민법은 미성년자를 획일적으로 행위무능력자, 즉 '제한능력자'로 규정하고 있습니다. 다음은 민법 제5조의 내용입니다.

미성년자가 법률행위를 함에는 법정대리인의 동의를 얻어야 한다. 이에 위반한 행위는 취소할 수 있다.

미성년자가 법정대리인(일반적으로 친권자, 즉 부모)의 동의 없이 독자적으로 한 법률행위는 '취소'될 수 있다는 것입니다. 취소란 —처음부터 확정적으로 효력이 없는 '무효'와는 달리—일단 유효하게 성립한 법률행위를 소급하여 효력이 없는 것으로 만드는 것이지요. 민법은 미성년자가 아직 정신적으로나 윤리적으로 성숙하지 않았다고 보기 때문입니다. 그리하여 그들 독자적인 법률행위의 구속에서 벗어날 수 있게 함으로써 그들을 '보호'하고자 하는 것입니다. 민법이 '제한능력자'를 정하고 있는 이유입니다.

민이 고등학생이 되어서도—여전히 만 19세 전이라면—마찬가지일 테지요. 법률행위를 하려면 부모의 동의를 얻어야 합니다. 그러나 예외가 있습니다.

만 18세가 된 사람은 혼인할 수 있다.

'혼인'이란 사회의 보편적 관념에 따라 부부의 관계로서 생활공동체를 이루는 것입니다. 민법은 유효하게 혼인할 수 있는 나

천지적 민법 시점

이(혼인적령)를 만 18세로, 미성년자가 혼인을 하는 경우라면 부모의 동의를 받아야 할 것으로 정하고 있지요.

미성년자가 혼인을 한 때에는 성년자로 본다.

민법 제826조의2, '성년의제' 규정입니다. 혼인한 미성년자는 민법상 행위능력을 가진다는 것입니다. 그렇지 아니한다면 혼인의 독립성을 보장할 수 없음은 물론, 혼인으로 인한 법률관계도 복잡해질 수 있기 때문이지요. 다만 그때의 민에게는 혼인할 사람이 없었습니다.

대학교를 졸업하고 첫 직장을 다니기 시작할 무렵이었지요. 민에게 사랑하는 사람이 생긴 것은 그즈음이었습니다. 민은 그녀에게 혼인을 청하였지요. '합의' 없는 혼인은 '무효'입니다. 그녀는 그 청혼을 받아들였습니다.

그러나 둘 사이 혼인은 아직 '성립'하지 않았습니다. 모아놓은 돈이 많지 않아 결혼식을 미루었기 때문이 아니었지요. 민법은 '혼인신고'를 혼인의 '성립요건'으로 정한—그래서 '사실혼주의'와 구별되는—'법률혼(신고혼)주의'를 채택하고 있습니다. 즉 혼인신고 없이는 법적인 부부가 될 수 없습니다. 곧 둘은 가까운 구청에서 혼인신고를 마치며 비로소 '부부'가 될 수 있었지요. 서로 '부부간의 의무'를 지게 된 것입니다. 민법 제826조입니다.

부부는 동거하며 서로 부양하고 협조하여야 한다.

동거의무, 부양의무, 협조의무. 그리고—혼인의 본질상 당연히—정조의 의무를 지켜야 하지요. 이를 위반하면 모두 이혼사유가 됩니다. 둘은 무엇보다도 먼저 함께 살 집을 구해야 했지요.

그러나 집값은 만만치 않았습니다. 두 사회초년생의 힘만으론 역부족이었지요. 민은 고민 끝에 자신의 직장 선배로부터 돈을 빌렸고 그것으로 겨우 집값을 메꿀 수 있었습니다. 그리고 약속대로 매월 정해진 날까지 원금에 이자를 붙여 갚아야 했지요. 한데 빌린 사람은 민 혼자였지만 갚아야 할 사람은 민 혼자가 아니었습니다.

부부의 일방(민)이 일상의 가사에 관하여 제3자(직장 선배)와 법률행위를 한 때에는 다른 일방(민의 아내)은 이로 인한 채무에 대하여 연대책임이 있다.

민법 제832조, '일상가사 채무의 연대책임' 규정입니다. 부부

중 한 명이 '일상가사'(부부가 공동생활을 하는 데 필요한 통상의 일)에 관하여 제3자와 법률행위를 한 경우에, 그로 인해 생기는 채무(빚)에 대하여는 부부가 연대하여(즉 함께) 책임을 져야 한다는 것입니다. 민이 혼인 전에 자신의 자동차를 사기 위하여 그 돈을 빌렸던 것이 아니지요. 그는 당장 아내와 함께 살 집을 구해야 했습니다. 부부공동체 유지에 필수적인 일, 즉 '일상가사'에 해당하는 것입니다. 그렇다면 민이 선배로부터 진 빚에 대해서는 민은 물론이고 그의 아내에게도 갚아야 할 '의무'가 있는 것이지요. 부부의 공동생활에 필요한—예를 들면 의식주 같은—'생활비용' 역시 공동으로 부담하는 것이 원칙(민법 제833조)입니다. 앞으로 더 열심히 살자고, 둘은 서로 다독이며 다짐하였지요. 그리고 곧 그 다짐을 더 굳건히 하는 계기가 발생했습니다.

아내가 혼인 중에 임신한 자녀는 남편의 자녀로 추정한다.

민법 제844조. 엄마와 아이의 관계는 임신과 출산이라는 자연적 사실에 의해 확정될 수 있지만, 아빠와 아이의 관계는 그러하지 아니하지요. 이에 민법은 아빠와 아이의 혈연관계, 즉 '친생'을 추정하는 규정을 두고 있습니다.

아이가 태어난 것입니다. 임신 기간은 통계적으로 평균 266

일이라고 하지요. 혼인신고를 한 날로부터 만 1년(365일)이 갓 지난 때였습니다. '훌륭한 상인이 되려무나.' 아이의 이름은 '상商'이라고 지었습니다.● 상은 민의 '친생자', 민 부부는 상의 '부모'가 되는 것이지요.

부모는 미성년자인 자녀의 친권자가 된다.

'친권'이란 미성년 자녀에 대한 부모의 권리를 말합니다. 민법 제909조입니다. 민 부부 역시 상에 대하여 친권을 갖지요. 그 대략적인 내용은 다음과 같습니다.

친권자는 자녀를 보호하고 교양할 권리의무가 있다.
자녀는 친권자가 지정한 장소에 거주하여야 한다.●●
자녀가 자기의 명의로 취득한 재산은 친권자가 관리한다.
친권자는 자녀의 재산에 관한 법률행위에 대하여 그 자녀를 대리한다.

● 상업상 거래를 규율하는 '상법(商法)'은 민법(民法)에 대해 '특별법'의 지위를 가지고 있습니다. 민법과 상법은 일반법과 특별법의 관계입니다. 즉 서로 적용영역이 겹친다면 상법이 민법보다 우선시되지요. 이를 '특별법 우선의 원칙'이라고 합니다. 민(民)의 아이 이름을 상(商)으로 한 것은 이처럼 나름의 이유가 있습니다.
●● 이것을 친권자의 '거소지정권'이라고 합니다.

부모가 혼인 중인 때에는 친권을 공동으로 행사하는 것이 원칙이지만, 부모 중 한 명이—생사불명이나 교도소 수용 등으로—친권을 행사할 수 없는 때에는 다른 한 명이 행사할 수밖에 없겠지요. 다만 친권 행사의 기준은 언제나 자녀의 '복리', 즉 자녀의 행복과 이익이 되어야 합니다. 민법 제912조입니다.

친권을 행사함에 있어서는 자녀의 복리를 우선적으로 고려하여야 한다.

만약 민 부부가 친권을 남용하여 상의 복리를 뚜렷이 드러날 정도로 해치거나 해칠 걱정이 있다면, 가정법원은 그들의 친권을 '상실'하게 하거나 '일시 정지'(민법 제924조)할 수 있습니다. 그러나 민과 그의 아내는 상의 법률행위를 대리하거나 재산을 관리함에 자신들의 재산에 대한 것과 동일한 정도의 주의(민법 제922조)를 기울였습니다. 자신들에게는 이익이 되는 반면, 상에게는 손해를 끼칠 수 있는 행위를—이를 '이해상반행위'라 하지요—철저히 피한 것(민법 제921조) 역시 물론이지요. 민 부부는 사랑으로 상을 키웠고 상을 위해서라면 항상 최선을 다하였습니다.

그러나 인생의 짐이란 결코 가볍지 않았습니다. 빌린 돈의

'원금'에다 '이자'까지, 게다가 갚는 날이 하루라도 밀린다면 바로 그만큼의 '지연손해금'이 붙었지요. 하루하루 새끼를 친다는, 돈의 법칙만은 어김없었습니다. 보통의 맞벌이 부부로서 그들의 삶은 항상 고단하고 팍팍했지요. 민 부부는 서로 다투는 일이 잦아졌고, 어느 순간부터 민은 미래를 의심하기 시작했습니다.

부부는 협의에 의하여 이혼할 수 있다.

너무 지쳤다. 이렇게 살 거라면 차라리 이혼하자. 민은 아내에게 이혼을 제안했습니다. '협의상 이혼'은 말 그대로—혼인할 때와 같이—이혼할 것을 '합의'하고 '이혼신고'를 해야 하는 것입니다. 민의 아내는 거절하지 않았습니다. 역시 많이 지쳐 있었던 탓이죠. 곧 둘은 가정법원에 이혼의사의 확인을 신청하였지요. 그리고 이혼숙려기간을 거쳐야 했습니다.

'이혼숙려기간'이란 충동적이거나 성급한 이혼을 방지하고자 이혼에 대해 신중하게 생각할 수 있도록 민법이 의무적으로 부여하는 기간입니다. 민 부부에게는 양육해야 할 아이가 있어—아이가 없다면 1개월—3개월(민법 제836조의2)의 기간이 주어졌지요. 민의 아내는 마음을 바꾸었습니다. 어린 상의 앞날을 생각했기 때문이죠. 그러나 민은 그러하지 못했습니다. 이제 민이 이혼을 하려면 '재판상 이혼'을 해야 합니다.

재판상 이혼은 협의상 이혼과 달리 이혼하는 것으로 '판결'이 '확정'되면 그때—이혼신고 없이도—이혼의 효력이 발생합니다. 그런데 다음 민법 제840조에서 정하는 이혼의 사유가 있어야 하지요.

1. 배우자*의 부정한 행위가 있었을 때

2. 배우자가 악의로 다른 일방을 유기한 때

3. 배우자 또는 그 직계존속**으로부터 심히 부당한 대우를 받았을 때

4. 자기의 직계존속이 배우자로부터 심히 부당한 대우를 받았을 때

5. 배우자의 생사가 3년 이상 분명하지 아니한 때

6. 기타 혼인을 계속하기 어려운 중대한 사유가 있을 때

제1호부터 제5호까지는 해당 사항이 없었습니다. 민은 제6호의 사유가 아닐까 생각하며 법원에 '조정'을 신청하였지요. 재판상 이혼을 위해서는 먼저 조정이라는 절차를 거쳐야 하기 때문

● 부부 중 한쪽에 대한 다른 쪽. 남편 쪽에서는 아내, 아내 쪽에서는 남편.
●● '조상'으로부터 '자기'까지 직계로 이어져 내려오는 사이의 혈족(예를 들어 부모, 조부모, 증조부모 등).

입니다. 재판(소송)을 하기 전에 이혼의 내용을 서로 평화롭게 협의(조정)하여 정해보라는 취지입니다. 이러한 조정이 성립되지 않은 때 비로소 재판, 즉 '소송'절차로 넘어가는 것이지요.

재산분할, 친권자 지정, 양육자 결정, 양육비 부담 등 조정해야 할 문제들이 많았습니다. 그러나 민에게는 무엇보다 어린 상이 가장 마음에 걸렸지요. 우리의 이혼으로 상에게 돌이킬 수 없는 상처를 주는 것은 아닐까. 우리는 부모로서 책임을 다하고 있는 것일까. 우리의 이혼이 상의 장래보다 과연 더 가치 있는가. 내가 상을 양육하지 못하면 어쩌지. '면접교섭권'(아이를 직접 양육하고 있지 않은 부모 중 한 명이 아이에 대해 만나거나 연락할 수 있는 권리)만으로 충분할까. 그걸로 버틸 수 있을까. 그리고 민과 그의 아내는 조정절차를 거치면서 많은 대화를 나누었습니다. 그간 견딜 수 없을 정도로 고되었던 직장에서의 일들, 사소한 오해로 서로 마음이 상했던 일들, 그 밖에 차마 입 밖으로 꺼내지 못하고 가슴속에 담아두었던 일들, 그리고 항상 꿈꾸었던 미래가 무엇인지, 천사 같은 상을 얼마나 사랑하는지, 우리가 가족을 얼마나 사랑하는지에 대하여. 제6호의 '혼인을 계속하기 어려운 중대한 사유'란 부부의 공동생활관계가 돌이킬 수 없을 정도로 '파탄'되어 그 혼인 생활을 유지하는 것이 참을 수 없는 고통이 되는 경우를 말합니다. 민과 그의 아내는 그제야 자신들이 얼마나 어리석었는

전지적 민법 시점

지 깨달았지요. 민은 조정신청을 취하(즉 취소)하였습니다. 둘은 서로 처음으로 만나 사랑에 빠졌던 때처럼, 그리고 상이 태어났던 그때와 같은 마음으로 다시 시작하기로 약속하고 또 약속하였습니다.

세월이 흘러 상은 대학생이 되었습니다. 민 부부의 친권은 상이 행위능력 있는 성년자가 되면서 법률상 당연히 소멸하였지요. 그리고 그즈음 열심히 모아왔던 돈으로—빚을 모두 갚은 것은 물론—좀 더 넓고 좋은 집으로 이사할 수 있었습니다. 두 부부가 합심하여 성실하게 살아온 노력의 대가였지요. 곧 상도 사랑하는 사람을 만나 결혼하고 아이를 낳았습니다. 또 한 명의 권리주체가 탄생한 것이죠. 그리고 세월이 좀 더 흘렀습니다.

상의 아이가 의사능력을 거쳐 행위능력을 가지게 될 즈음이던가. 그동안 숨 가쁘게 달려왔지요. 정말 열심히 살았고 가족들과 함께 행복했습니다. 민은 타고난 수명을 모두 누리고 가족들의 배웅과 함께 영원한 잠에 들었습니다.

상속은 사망으로 인하여 개시된다.

민법 제997조. 그리고 즉시 상속이 시작되었지요. 상속이란 사람이 사망한 때에 그가 살아 있는 동안 가지고 있던 재산상 권리 등을 혈통으로 이어진 친척 등에게 법적으로 당연히 모두 물려받게 하는 것을 말합니다. 민이 남긴 재산은 총 5억 원이었습니다. 동시에 민이 직접 작성하여 남긴 유언장에는 다음과 같이 쓰여 있었지요.

"상속의 순위와 상속분의 결정은 모두 민법에 의한다."

자, 이제 상속재산의 정리는 남아 있는 가족들의 몫으로 남겨졌습니다.

민이 남긴 상속재산(5억 원)의 상속인은 누구이고, 그 상속인의 상속분은 얼마일까요? 드러난 사실관계를 바탕으로 이어지는 〈리걸 마인드 저장소〉의 '민법이 정하고 있는 상속인과 법정상속분' 내용을 활용하여 해결해보세요. (정답과 해설은 본문 125쪽에 있습니다.)

천지적 민법 시점

[민법이 정하고 있는 상속인과 법정상속분]

제1000조(상속의 순위)

① 상속에 있어서는 다음 순위로 상속인이 된다.

1. 피상속인*의 직계비속**

2. 피상속인의 직계존속

3. 피상속인의 형제자매

4. 피상속인의 4촌 이내의 방계혈족

② 전항의 경우에 동순위의 상속인이 수인인 때에는 최근친을 선순위로 하고 동친 등의 상속인이 수인인 때에는 공동상속인이 된다.

③ 태아는 상속순위에 관하여는 이미 출생한 것으로 본다.

제1003조(배우자의 상속순위)

① 피상속인의 배우자는 제1000조 제1항 제1호와 제2호의 규정에 의한 상속인이 있는 경우에는 그 상속인과 동순위로 공동상속인이

* 상속인에게 자기의 권리 등을 물려주는 사람.
** '자기'로부터 직계로 이어져 내려가는 혈족(예를 들어 아들·딸, 손자·녀, 증손자·녀 등).

되고 그 상속인이 없는 때에는 단독상속인이 된다.

제1004조(상속인의 결격사유)

다음 각 호의 어느 하나에 해당한 자는 상속인이 되지 못한다.

1. 고의로 직계존속, 피상속인, 그 배우자 또는 상속의 선순위나 동순위에 있는 자를 살해하거나 살해하려한 자

2. 고의로 직계존속, 피상속인과 그 배우자에게 상해를 가하여 사망에 이르게 한 자

3. 사기 또는 강박으로 피상속인의 상속에 관한 유언 또는 유언의 철회를 방해한 자

4. 사기 또는 강박으로 피상속인의 상속에 관한 유언을 하게 한 자

5. 피상속인의 상속에 관한 유언서를 위조·변조·파기 또는 은닉한 자

제1009조(법정상속분)

① 동순위의 상속인이 수인인 때에는 그 상속분은 균분으로 한다.

② 피상속인의 배우자의 상속분은 직계비속과 공동으로 상속하는 때에는 직계비속의 상속분의 5할(50%)을 가산하고, 직계존속과 공동으로 상속하는 때에는 직계존속의 상속분의 5할(50%)을 가산한다.

전자적 민법 시점

[민법이 정하고 있는 유언의 방식]

제1066조(자필증서에 의한 유언)

① 자필증서에 의한 유언은 유언자가 그 전문과 연월일, 주소, 성명을 자서하고 날인하여야 한다.

② 전항의 증서에 문자의 삽입, 삭제 또는 변경을 함에는 유언자가 이를 자서하고 날인하여야 한다.

제1067조(녹음에 의한 유언)

녹음에 의한 유언은 유언자가 유언의 취지, 그 성명과 연월일을 구술하고 이에 참여한 증인이 유언의 정확함과 그 성명을 구술하여야 한다.

제1068조(공정증서에 의한 유언)

공정증서에 의한 유언은 유언자가 증인 2인이 참여한 공증인의 면전에서 유언의 취지를 구수하고 공증인이 이를 필기낭독하여 유언자와 증인이 그 정확함을 승인한 후 각자 서명 또는 기명날인하여야 한다.

제1069조(비밀증서에 의한 유언)

① 비밀증서에 의한 유언은 유언자가 필자의 성명을 기입한 증서를

엄봉날인하고 이를 2인 이상의 증인의 면전에 제출하여 자기의 유언서임을 표시한 후 그 봉서표면에 제출연월일을 기재하고 유언자와 증인이 각자 서명 또는 기명날인하여야 한다.

② 전항의 방식에 의한 유언봉서는 그 표면에 기재된 날로부터 5일 내에 공증인 또는 법원서기에게 제출하여 그 봉인상에 확정일자인을 받아야 한다.

제1070조(구수증서에 의한 유언)

① 구수증서에 의한 유언은 질병 기타 급박한 사유로 인하여 전4조의 방식에 의할 수 없는 경우에 유언자가 2인 이상의 증인의 참여로 그 1인에게 유언의 취지를 구수하고 그 구수를 받은 자가 이를 필기낭독하여 유언자의 증인이 그 정확함을 승인한 후 각자 서명 또는 기명날인하여야 한다.

② 전항의 방식에 의한 유언은 그 증인 또는 이해관계인이 급박한 사유의 종료한 날로부터 7일내에 법원에 그 검인을 신청하여야 한다.

❖

민이 남긴 상속재산의 상속인과 그 상속분은?

전혀 어렵지 않습니다. 차근차근 따라와보세요.

천자격 민법 시점

민법 제1000조 제1항 제1호에 따르면 1순위 상속인은 피상속인(민)의 직계비속, 즉 상이 됩니다. 민의 직계비속은 상이 유일하지요. 그럼 상혼자 '단독상속인'이 되는 걸까요. 아닙니다. 제1003조는 배우자의 상속순위를 별도로 정해놓고 있지요. 제1003조 제1항에 따르면 배우자는 제1000조 제1항 제1호의 상속인과 동순위(같은 순위)로 공동상속인이 됩니다. 결국 상과 민의 아내가 같은 1순위로 '공동상속인'이 되는 것입니다.

그럼 상속재산 5억 원은 서로 어떻게 나누어야 할까요. 상과 민의 아내의 상속분은 어떻게 정해야 할까요. 민법 제1009조 제1항은 같은 순위의 상속인이 수인(여러 명)인 때에는 그 상속분은 균분, 즉 똑같이 나눈다고 정하고 있지요. 그렇다면 상과 민의 아내는 5억 원을 정확히 반으로 나누어 각 2억 5,000만 원씩 상속하는 걸까요. 그렇지 않습니다. 제1009조 제2항은 피상속인의 배우자의 상속분은 직계비속과 공동으로 상속하는 때에는 직계비속의 상속분의 5할(50퍼센트, 즉 2분의 1)을 가산(더하여 계산)한다고 정하고 있지요. 예를 들어 직계비속의 상속분을 '1'(=2분의 2)이라고 한다면 배우자의 상속분은 '1과 2분의1'(=2분의 3)인 것입니다.

자, 그럼 정리해볼까요. 민에 대하여 상과 민의 아내가 공동상속인이 되고, 그 상속분은 상이 직계비속으로서 '1', 민의 아내는 배우자로서 '1과 2분의 1'이 되는데, 상속재산은 5억 원이니 이를 '1' 대 '1과 2분의 1'로 나누면 '2억 원' 대 '3억 원'입니다. 즉 직계비속 상의 상속분은 2억 원, 배우자 아내의 상속분은 3억 원이 되는 것입니다.

9

목·수·해·법

지금, 기본권은
'침해'되는가 '제한'되는가

"지금 이 법은 제 기본권을 침해하고 있습니다."

그는 도로교통법을 위반하였다는 이유로 벌금을 납부하게 되었습니다. 도로교통법은 자동차를 운전하는 사람은 반드시 안전벨트를 매야 하고 매지 않으면 벌금에 처할 것을 정하고 있지요. 그러나 그는 매지 않았습니다. 이유는 다음과 같습니다.

'안전벨트를 매지 않더라도 다른 사람에게 어떠한 피해도 입히지 않는다. 그러므로 안전벨트를 맬 것인지 매지 않을 것인지는 개인의 판단에 맡겨야 한다. 그럼에도 사생활의 공간인 승용차 안에서 반드시 안전벨트를 매도록 하고 매지 않으면 벌금을 부과하는 것은 국가의 편의적인 공권력 행사로서 국민의 기본적 인권인 행복을 추구하기 위해 자유롭게 행동할 수 있는 권리, 즉 대한민국 헌법 제10조의 행복추구권으로부터 나오는 일반적 행동자유권을 침해한다. 위헌이다.'

개인의 자율적인 영역에는 국가가 개입할 수 없다는 것입니다. 그러나 헌법재판소는 생각이 달랐습니다.

자동차 운전자에게 안전벨트를 매도록 하고 이를 위반했을 때 벌금을 내도록 하는 것은, 교통사고로부터 국민의 생명 또는 신체에 대한 위험과 장애를 방지·제거하고 사회적 부담을 줄여 교통질서를 유지하고 사회공동체의 상호이익을 보호하는 공공복리를 위한 것으로 그 입법의 목적이 정당하다.

나아가 운전자의 불이익은 약간의 답답함이라는 가벼운 부담이고 안전벨트 미착용으로 부담하는 벌금은 적은 금액인 데 비하여, 안전벨트 착용으로 달성하려는 공익은 동승자를 비롯한 국민의 생명과 신체를 보호하고 교통사고로 인한 사회적인 비용을 줄여 사회공동체의 이익을 증진하는 것이므로, 달성하고자 하는 공공의 이익(공익)이—안전벨트를 매지 않을 자유라는—침해되는 개인적인 이익(사익)보다 크다.

목·수·해·법

결국 안전벨트 의무착용 제도의 변천 과정과 우리나라 교통사고의 현재 상황을 종합하여 볼 때, 해당 도로교통법 조항은 국민의 일반적 행동자유권을 비례의 원칙에 위반하여 과도하게 침해하는 것이 아닙니다.

기본권은 최대한 보장되어야 하는 것이 원칙이지만, 어떠한 경우에도 반드시 그래야만 하는 것이 아닙니다. 기본권 서로 간에 모순되거나 충돌되는 경우에는 이를 조정할 필요가 있기 때문이지요. 바로 기본권의 '제한'이 필요한 경우입니다.

'기본권 제한'이란 기본권 규정에 의해 보장되는 자유와 권리에 대해 그 보호를 축소하는 국가권력의 행위를 말합니다. 다만 기본권은 여전히 최대한 보장되어야 하므로 그 제한의 '한계'를 지켜야 하지요. 따라서 기본권 제한이란 그 한계를 벗어나 기본권을 제한하는 위헌적인 '기본권 침해'와는 구별됩니다. 헌법재판소는 도로교통법이 국민의 기본권을 침해하지 않고 제한할 뿐이라며 합헌이라고 판단하였습니다.

기본권은 '침해'되는가 '제한'되는가. 헌법은 그 판단의 기준인 제한의 '한계'에 대해 정해놓고 있습니다. 제37조 제2항입니다.

국민의 모든 자유와 권리는 국가안전보장·질서유지 또는 공공복리를 위하여 필요한 경우에 한하여 법률로써 제한할 수 있으며, 제한하는 경우에도 자유와 권리의 본질적인 내용을 침해할 수 없다.

간단히 말해, 국가안전보장·질서유지·공공복리의 목적을 위하여 기본권을 제한하지 않을 수 없는 경우에만 법률로써 최소한으로 제한할 수 있다는 것입니다. 기본권을 '제한'할 수 있음을 규정한 것이라기보다, 그 제한에 대한 '한계'를 규정한 것으로서 기본권을 '보장'하는 데에 더욱 가치가 있는 것이지요. 자, 그럼 하나씩 뜯어서 살펴볼까요.

우선 기본권을 제한하려면 '목적'의 한계를 지켜야 합니다. '국가안전보장, 질서유지 또는 공공복리를 위하여.'

'국가안전보장'이란 국가의 존립·헌법의 기본질서 유지 등을 포함하는 개념으로서 국가의 독립·영토의 보전·헌법과 법률의 기능·헌법에 의하여 설치된 국가기관의 유지 등의 의미로 이해됩니다. '질서유지'란 사회공공의 안녕질서 유지를 말하고, '공공복리'란 사회구성원 전체를 위한 공공의 이익, 즉 국민 공동의 이익을 의미합니다. 이들은 서로 중첩적으로 설정될 수도 있습니다.

다음으로 '형식'의 한계입니다. 기본권을 제한하려면 국회에

목·수·해·법

서 제정한 '법률'에 근거해야 한다는 것이지요.

모든 국가권력의 정당성 근거가 국가 최고의사를 결정할 수 있는 주권자 국민에게 있다는 '국민주권원리'에 따라 국민의 대표기관인 국회에게만 국민의 기본권을 제한할 수 있도록 한 것입니다. 그 법률은 기본권을 '제한'하므로—죄형법정주의의 원칙에서와 같이—'명확'해야 할 뿐 아니라 '소급'이 원칙적으로 금지되겠지요.

그리고 가장 핵심적인, '방법'의 한계입니다. 헌법 제37조 제2항에서 '필요한 경우에 한하여'라는 의미는 그리 단순하지 않습니다. 그것은 기본권을 필요 이상으로 제한하는 것을 금지한다는, 즉 과잉 제한을 금지한다는 '과잉금지원칙'을 의미합니다. 예를 들면 이런 거죠. 형벌을 받아 구속된 사람을 경계하고 지키기 위하여 수갑이나 포승 등의 계구를 사용할 수 있지만, 구속되어 있다는 이유만으로 그 사용이 당연히 허용되는 것은 아니고, 그의 도주, 폭행, 자해, 자살 등의 위험이 분명하고 구체적으로 드러난 상태에서 이를 제거할 필요가 있을 때 그 필요한 만큼만 사용해야 한다는 것과 같은 것이죠.

헌법재판소는 과잉금지원칙에 대하여 다음과 같이 설명하고 있습니다.

국가작용 중 특히 입법작용에 있어서의 '과잉금지원칙'이라 함은 국가가 국민의 기본권을 제한하는 내용의 입법활동을 함에 있어서 준수하여야 할 기본원칙 내지 입법활동의 한계를 의미하는 것으로서, 국민의 기본권을 제한하려는 입법의 목적이 헌법 및 법률의 체제상 그 정당성이 인정되어야 하고(**목적의 정당성**), 그 목적의 달성을 위하여 그 수단이 효과적이고 적절하여야 하며(**수단의 적절성**), 입법권자가 선택한 기본권 제한의 조치가 입법목적달성을 위하여 설사 적절하다 할지라도 가능한 한 보다 완화된 형태나 수단을 모색함으로써 기본권의 제한은 필요한 최소한도에 그치도록 하여야 하며(**피해의 최소성**), 그 입법에 의하여 보호하려는 공익과 침해되는 사익을 비교형량할 때 보호되는 공익이 더 커야한다(**법익의 균형성**)는 법치국가의 원리에서 당연히 파생되는 헌법상의 기본원리의 하나인 '비례의 원칙'을 말하는 것이다. 이를 우리 헌법 제37조에서 선언하여 입법권의 한계로서 과잉금지원칙을 명문으로 인정하고 있다.

국가가 국민의 기본권을 제한하는 내용의 법을 만들 때 목적의 정당성, 수단의 적절성, 피해의 최소성, 법익의 균형성 중 어느 하나라도 지켜지지 않으면 위헌이 된다는 것입니다. 기본권은 침해되는가 제한되는가. 목·수·해·법. 이제 이 부분원칙들의 의미가 중요해졌습니다.

목·수·해·법

먼저 '목적의 정당성'에 대해서 살펴볼까요. 목적에 대해서는 이미 본 적이 있지요. '국가안전보장·질서유지 또는 공공복리를 위하여.' 목적의 정당성이란 그 목적이 헌법과 법률의 체계 안에서 정당성을 인정받을 수 있어야 함은 물론 헌법에 규정된 다른 헌법적 이념과도 어긋나서는 안 된다는 의미입니다.

이런 일이 있었습니다. 민법은 동성동본 사이면 서로 혼인하지 못하도록 정해놓았지요. 성씨가 같고(동성) 본관이 같으면(동본) 서로 결혼할 수 없다는, 예를 들어 '김해 김씨'끼리는 8촌이 넘어가더라도—즉 사실상 남이라도—서로 결혼하지 못하도록 한 '동성동본 금혼제도'입니다. 서로 사랑해도 헤어져야 했고, 함께 살더라도 혼인신고를 올릴 수 없는 '사실상' 부부는 무려 6만여 쌍이었지요. 그중 일부는 현실을 비관하여 동반자살하기도 했습니다. 또한 일부는 동성동본 금혼조항이 자신들의 행복추구권(헌법 제10조), 평등권(헌법 제11조), 혼인과 가족에 관한 권리(헌법 제36조 제1항)를 침해하여 위헌이라며 헌법재판소에 심판을 신청하였지요. 헌법재판소는 다음과 같이 결정하였습니다.

중국의 동성 금혼 사상에서 유래하여 조선시대를 거치면서 확립된 동성동본 금혼제도는 그 제도 생성 당시의 국가정책, 국민의식이나 윤리관, 경제구조, 가족제도 등이 혼인제도에 반영된 것으로, 충효정신을 기반으로 한 농경중심의 가부장적, 신분적 계급사회에서 사회질서를 유지하기 위한 수단의 하나로서 기능하였다.

그러나 자유와 평등을 근본이념으로 하고 남녀평등의 관념이 정착되었으며 경제적으로 고도로 발달한 산업사회인 현대의 자유민주주의 사회에서 동성동본 금혼을 규정한 민법 조항은 이제 사회적 타당성 내지 합리성을 상실하고 있음과 아울러 '인간으로서의 존엄과 가치 및 행복추구권'을 규정한 헌법이념, '개인의 존엄과 양성의 평등'에 기초한 혼인과 가족생활의 성립·유지라는 헌법규정에 정면으로 어긋날 뿐 아니라, 남계혈족에만 한정하여 성별에 의한 차별을 함으로써 헌법상 평등의 원칙에도 위반된다.

그 입법의 목적이 이제는 혼인에 관한 국민의 자유와 권리를 제한할 '사회질서'나 '공공복리'에 해당될 수 없다. 헌법 제37조 제2항에 위반된다.

더 이상 목적이 정당하지 않아 헌법에 합치되지 아니한다는 것. 비로소 민법은 개정될 수 있었습니다. 동성동본 금혼제도는 폐지되어 8촌 이내의 근친혼 금지제도로 전환되었지요. 중국이 동성금혼제도를 폐지한 지 무려 70여 년이 흐른 2005년의 일이었습니다.

기본권 제한의 목적이 정당하다면, 다음으로 제한의 수단이 적절한지 따져보아야 합니다. '수단의 적절성.' 기본권을 제한하는 수단이나 방법이 그 제한의 목적을 달성하는 데에 '필요하고 효과적'이어야 한다는 의미이지요.

실제로 어느 운전자는 이런 주장을 한 적이 있습니다. 모든 도로를 가로막고 모든 운전자를 대상으로 무차별적으로 음주단속을 하는 것은 공권력 행사의 남용으로서 인권을 침해하는 것이 아닌가. 운전자는 자신의 의지와 상관없이 자동차를 정지시켜야 하고, 이로 인해 교통체증이 발생할 수 있으며, 정상운전을 하는 운전자로서는 잠재적 범죄자로 취급된다고 느껴 불쾌감을 가질 수 있다는 것이지요. 어떤가요. 음주운전을 막기 위한 수단으로 이와 같은—여럿이 한꺼번에 하는—일제단속이 과연 적절할까요. 어쩌면 음주운전 차량만 포착하여 단속하는 방법이 더 적절한 것은 아닐까요. 이에 대해 헌법재판소는 다음과 같이 판단하였습니다.

음주운전이 초래하는 위험성과 폐해가 극심하므로, 이를 규제하여야 하는 공익의 중요성은 말할 수 없이 크다. 그럼에도 불구하고 음주운전은 속임수적인 위법행위로서 외형적으로 쉽게 드러나지 않은 채 이루어진다. 개별 운전자의 외관, 태도, 운전행태 등의 객관적 사정을 종합하여 음주운전으로 인한 위험발생의 징후가 구체적으로 인정되는 경우에만 경찰작용이 발동될 수 있다면, 음주운전 행위의 포착률이 현저히 낮아지며, 설령 포착하여도 알맞은 때 위험방지 조치가 이루어질 수 없는 경우가 적지 않을 것이다.

반면, 도로를 차단하여 불특정 다수의 운전자를 상대로 자동차를 정차시켜 음주측정을 요구할 수 있다면, 비록 음주운전자가 그중 아주 적은 수에 불과하다 할지라도 적어도 음주운전자의 운전 행위는 차단되고, 그로써 그 운전자, 나아가 그로 인해 교통사고에 얽혀들 수도 있었을 불특정의 잠재적인 다른 운전자, 보행자 등의 생명, 신체, 재산에 대한 위해가 방지되는 것이다. 이러한 방식의 음주단속은 음주운전을 예방하는 효과도 보다 탁월할 것이다. 언제, 어느 곳에서 도로차단식 일제단속이 행해질지 예측하기 어려워, 운전자들로 하여금 애초에 음주운전의 시도 자체를 포기하게 하는 효과가 있기 때문이다.

합리적인 판단에 입각한 일제단속식 음주측정은 음주운전을 차단하기 위하여 필요하고도 효과적이므로 적절한 수단으로서 합헌이라는 것입니다. 그의 주장은 받아들여지지 않았습니다.

그러나 현실적으로 모든 음주운전을 완전히 막는다는 것은 불가능하지요. 그는 결국 음주운전으로 사람을 치어 사망에 이르게 하였습니다. 공무원이었던 그는 교도소에 가두어져 노동을 하는 '징역형'을 선고받아 퇴직 처리가 되었고, 동시에 퇴직금의 지급 또한 제한되었지요. 공무원연금법은 공무원으로 근무하는 중에 교도소에 가두어지는 '금고형' 이상의 형벌을 받은 때에는 그 퇴직금의 지급을 제한합니다. 그는 다시 고개를 갸웃거렸습니다. 공무원이 금고형 이상의 형벌을 받은 때 퇴직금의 지급을 제한하고 있는 공무원연금법의 '목적'은 공무원의 범죄를 예방하고 공무원이 성실하게 근무하도록 유도하고자 한 것일 텐데, 형벌을 받은 범죄가 공무원의 일과 관련된 범죄인지 관련되지 않은 범죄인지, 고의로 일부러 범한 범죄인지 과실(즉 실수)로 범한 범죄인지 등을 묻지 않고 일률적으로 퇴직금의 지급을 제한하는 것은 그 '목적'을 달성하는 데 필요하지도 효과적이지도 않다고 말이지요. 그는 다시 한 번 헌법재판소의 문을 두드렸습니다.

퇴직금의 지급을 제한하는 제도가 과연 모든 경우에 있어서 적절하고 효과적인 수단으로서 기능할지는 의문이다. 공무원의 직무상 의무나 공무원 신분과 관련된 범죄로 인하여 금고 이상의 형의 선고를 받은 자에 대하여 퇴직금의 지급을 제한하는 것은 재직 중 공무원으로서의 직무상 의무를 이행하도록 유도하는 입법목적의 달성에 상당한 수단이라고 할 것이다. 그러나 공무원의 신분이나 직무상 의무와 관련이 없는 범죄의 경우에도 퇴직금의 지급을 제한하는 것은 공무원 범죄를 예방하고 공무원이 재직 등 성실히 근무하도록 유도하는 입법목적을 달성하는 데 적합한 수단이라고 볼 수 없다. 특히 고의범 아닌 과실범의 경우에는 퇴직금의 지급 제한이 공무원으로서의 직무상 의무를 위반하지 않도록 유도 또는 강제하는 수단으로서 작용한다고 보기 어렵다.

공무원의 신분이나 직무상 의무와 관련이 없는 범죄의 경우에도 퇴직금의 지급을 제한하는 것은 공무원의 범죄를 예방하거나 공무원이 재직 중 성실히 근무하도록 유도하는 데에 필요하지도 효과적이지도 않으므로 적절한 수단이 아니다. 즉 수단의 적절성을 위배하여 위헌이라는 것입니다. 그는 퇴직금을 받을 수 있었습니다. 기본권을 제한하는 수단은 그 제한의 목적을 달성함에 '필요하고 효과적'이어야 합니다. 수단의 '적절성'이란 그러한 의미입니다.

다만 수단은 적절하다는 것만으론 충분하지 않지요. 동시에 기본권을 최소로 침해해야 합니다. '피해의 최소성' 문제입니다.

'피해의 최소성'이란 기본권의 제한조치가 그 목적을 달성하기 위하여 적절하더라도, 보다 완화된 다른 수단이나 방법을 찾아봄으로써 기본권 주체에게 최소의 피해만 발생하게 하자는 것입니다. 헌법재판소는 다음과 같이 설명하고 있지요.

어떤 법률을 만든 목적이 정당하고, 그 목적을 달성하기 위해 국민에게 의무를 부과하여 그 불이행에 대해 제재를 가하는 것이 적합하다고 하더라도, 그러한 수단을 선택하지 않고도 보다 덜 제한적인 방법을 선택하거나, 아예 국민에게 의무를 부과하지 아니하고도 그 목적을 실현할 수 있음에도 불구하고, 국민에게 의무를 부과한 후 그 의무를 강제하기 위하여 그 불이행에 대해 제재를 가한다면 이는 과잉금지원칙의 한 요소인 '최소침해성의 원칙'에 위배된다.

즉 공익을 위하여 기본권을 제한하는 경우에도 그 목적을 실현하기 적합한 여러 수단 중에서 되도록 국민의 기본권을 가장 존중하고 최소로 침해하는 수단을 선택하여야 한다는 것입니다. 그 구체적인 작동의 모습은 다음 헌법재판소의 결정에서 확인해 볼 수 있습니다.

교도소 등 교정시설에 수용된 사람(수용자)이 밖으로 내보내는 모든 편지를 봉함하지 않은 상태로 교정시설에 제출하도록 하는 것은 교정시설의 안전과 질서유지 등을 원활하게 하기 위한 것으로서 그 목적이 정당하고 적절한 수단이 될 수 있다.

그러나 그 과정에서 교도소 직원은 쉽사리 편지의 내용을 파악할 수 있게 되어 누구든지 자신의 편지가 원하지 않는 사람에게 읽힐 수 있다면 자신의 생각이나 의견·감정을 자유롭게 표현하거나 거리낌없이 정보를 교환할 수 없게 될 것이고, 결국 수용자로서는 편지에 자신의 생각이나 의견·감정을 표현하기를 자제하거나 편지교환 자체를 포기할 가능성 있어, 통신비밀의 자유가 위축될 것이다.

교도관이 수용자가 보고 있는 앞에서 편지에 금지물품이 들어 있는지 확인하게 할 수도 있고, 봉함된 편지를 x-ray 검색기 등으로 확인할 수도 있을 것이다. 결국 수용자의 모든 편지를 봉함하지 않은 상태로 제출하게 하는 것은 침해의 최소성 요건을 위반한다.

마약류관리법을 위반하여 금고 이상의 형을 선고받아 그 집행을 마친 날로부터 20년이 지나지 않은 사람을 택시 운전업에 종사할 수 없도록 하는 것은, 국민의 생명·신체·재산을 보호하고, 택시 이용에 대한 불안감을 해소하며, 도로교통에 관한 공공의 안전을 확보하고자 하는 것으로 그 목적이 정당하다.

또한 공공성이 요구되는 택시 사업의 특성상 택시 운전자로서의 준법의식과 안전운전을 할 수 있는 정신건강은 매우 중요한바, 마약류관리법을 위반하여 금고 이상의 형을 받은 사람은 이와 같은 요건이 결여되어 있을 가능성이 매우 크므로, 이들이 일정기간 동안 택시 운전업에 종사하지 못하도록 하는 것은 위 목적을 달성하기 위한 적절한 수단이다.

그러나 '20년'이라는 기간은 택시 운전업 종사자의 일반적인 취업 연령이나 실태에 비추어 볼 때, 실질적으로 그 직업의 진입 자체를 거의 영구적으로 막는 것에 가까운 효과를 나타낸다. 나아가 같은 마약류관리법 위반이라 하더라도 그 범죄의 종류와 죄질, 그리고 선고받은 형기가 달라, 그에 따라 택시 운전과의 관련성이 다르게 평가될 수 있음에도 불구하고 이러한 차이점을 전혀 고려하지 않은 채 마약류관리법을 위반하여 금고 이상의 형을 받기만 하면 일률적으로 20년간 택시 운전업에 종사할 수 없도록 하고 있다.

한편 재범률이나 중독의 위험성에 따라 택시 운전업에 종사할 수 없도록 하는 기간을 각각 다르게 조정하여 택시 운전업 종사자의 직업의 자유의 침해를 최소화하는 방안을 마련할 수도 있을 것이다. 따라서 구체적 사안의 개별성과 특수성을 고려할 수 있는 여지를 완전히 배제하고 그 위법의 정도나 비난의 정도가 약한 경우까지도 일률적으로 20년이라는 지나치게 장기간 동안 택시 운전업의 종사자격을 제한하는 것은 침해의 최소성 원칙에 위배된다.

이러한 '피해의 최소성'이 지켜지지 않으면 '법익의 균형성' 역시 지켜지기 어려울 테지요. 이제 과잉금지원칙의 부분원칙 중 최후의 단계입니다. '법익의 균형성'이란 기본권을 제한함으로써 얻어지는 공익과 그로 인하여 초래되는 사적 불이익을 비교하여, 얻어지는 공익이 크거나, 적어도 서로 간에 균형이 유지되어야 한다는 원칙입니다.

헌법재판소는 자동차를 운전하다가 과실로 사람을 치어 다치게 한 후 도주하여 사망에 이르게 한 경우를 고의로 사람을 살해한 살인죄와 비교하여 그 법정형을 더 무겁게 한 것, 군형법상 상관 살해죄의 유일한 법정형으로 사형만 정해놓은 것 등에 대하여 얻어지는 공익보다 사적 불이익이 더 크다며 위헌 판단을 한 바 있지요.

자, 목적의 정당성, 수단의 적절성, 피해의 최소성, 법익의 균형성까지. 이처럼 비례의 원칙, 즉 과잉금지원칙은 기본권을 제한하는 법률이 위헌인지 아닌지를 판단하는 기준입니다. 위 부분원칙들 중 하나라도 위배되면 위헌인 것입니다. 그럼 위 부분원칙들을 모두 만족시킨다면 합헌일까요. 아직 짚고 넘어갈 것이 남아 있습니다.

헌법 제37조 제2항은 "(……) 제한하는 경우에도 자유와 권

목·수·해·범

리의 본질적인 내용을 침해할 수 없다"고 정하고 있지요. 다시 말해, 기본권을 제한함에 과잉금지원칙을 모두 준수하더라도 기본권의 본질적 내용을 침해한다면 위헌이라는 것입니다.

그럼 기본권의 본질적 내용이란 무엇일까요. 일반적으로 기본권의 핵심요소 내지 근본요소라고 봅니다. 이에 대해 헌법재판소는 다음과 같이 표현하고 있지요.

제한하는 경우 기본권 그 자체가 무의미해지는 본질적인 요소를 말하는 것.

다만 헌법재판소는 과잉금지원칙과 본질적 내용의 침해금지를 사실상 거의 동일한 것으로 보기도 하지요. 즉 과잉금지원칙에 위배되면 곧 기본권의 본질적 내용을 침해한다고 판단하는 것입니다. 그렇다면 과잉금지원칙의 내용에 본질적 내용의 침해금지를 끌어들여 포함시키면 될 것입니다. 결국 기본권이 침해되는가 제한되는가의 문제에 대해서 여전히 과잉금지원칙, 즉 목·수·해·법이 가장 핵심적인 판단기준이 되는 것입니다.

다음은 『논어』의 〈선진〉 편 중 일부입니다.

자공이 공자에게 물었습니다.

"자장과 자하 중에 누가 더 나은가요?"

공자는 대답하였습니다.

"자장은 지나치고, 자하는 미치지 못한다."

그러자 자공이 다시 물었지요.

"그럼 자장이 낫다는 말씀이신지요?"

공자는 고개를 저으며 답하였습니다.

"과유불급過猶不及(지나친 것은 미치지 못한 것과 같다)."

우리 헌법 제10조 후문은 국가의 기본권보장의무를 정하고 있지요.

국가는 개인이 가지는 불가침의 기본적 인권을 확인하고 이를 보장할 의무를 진다.

과유불급. 국가의 기본권에 대한 지나친 제한은—기본권 침해임은 물론—국가에게 주어진 국민의 기본권 보장 의무를 다하지 못함과 다름없는 것입니다.

10

인 두비오 프로 레오

**범죄발생부터 범인처벌까지,
무엇이 지배하는가**

어느 여름 초입의 새벽, 검사 발령을 받고 선 첫 당직 때였습니다. 여자의 비명 소리가 들렸다는 신고가 접수되었습니다. 출동한 현장은 그야말로 참혹했습니다. 바닥은 여자가 흘린 피로 흥건했습니다. 여자의 숨은 멎어 있었습니다.

그러나 수사를 개시할 수 없었습니다. '수사'란 범죄의 혐의 유무를 분명히 하여 공소의 제기·유지 여부를 결정하기 위해 범인을 찾고 증거를 수집하는 수사기관의 활동을 말하는데, 아직 여자의 죽음이 범죄와 관련이 있는지 확신할 수 없기 때문입니다. '변사자 검시'를 해야 했죠. 그런 의미에서 변사자 검시는 '고소'나 '고발'과 같이 수사 개시의 원인이 되는 '수사의 단서'입니다.

형사소송법 제222조(변사자의 검시)

① 변사자 또는 변사의 의심 있는 사체가 있는 때에는 그 소재지를 관할하는 지방검찰청 검사가 검시하여야 한다.

검시 결과 여자의 머리와 목은 예리한 물건으로 수차례 찔러 있었습니다. 손에는 방어흔으로 보이는 상처들이 또렷했습니다. 범죄의 혐의가 인정되는 순간이었습니다. 수사를 '개시'해야 했습니다.

형사소송법 제196조(검사의 수사)

검사는 범죄의 혐의가 있다고 사료하는 때에는 범인, 범죄사실과 증거를 수사한다.

수사를 하면서 그녀가 얼마 전 남편과 이혼한 상태였는데 이혼 전에는 상습적인 폭행으로 남편을 신고하기도 했다는 사실을 알게 되었습니다. 그리고 당시 현장 근처에서 그를 보았다는 목격자가 나왔습니다. 그녀의 전남편이 유력한 용의자로 떠올랐습니다. 범죄를 저지른 것으로 의심받는 사람, '피의자'가 된 것이죠.

수사의 방법에는 크게 두 가지가 있습니다. 임의수사와 강제수사입니다. '임의수사'란 강제적인 힘을 사용하지 않고 상대방의 동의를 받아서 하는 수사를 말하고, '강제수사'란 말 그대로 강제력을 사용하는 수사를 말합니다. 그런데 강제수사는 상대방의 의지나 생각에 반하여 그의 권리를 침해하므로, 예외적으로 '법'이 정해놓고 있는 경우에 한하여 판사가 발부한 '영장'에 의해서만 허용됩니다. 즉 임의수사가 원칙입니다. 이를 '임의수사의 원칙'이라고 합니다.

우선 그의 진술을 들어야 했습니다. 그에게 전화를 걸어 검찰청에 나올 것을 요구했습니다. 그러나 약속된 시간에 나타나지 않았고 그 후로 전화조차 받지 않았습니다. 부득이 강제수사에 착수해야 했습니다. 그를 체포해야 했습니다.

'체포'란 죄를 범했다고 의심할 만한 상당한 이유가 있는 피의자를 짧은 시간 동안 수사관청 등에 강제로 데려오는 것을 말합니다. 곧 관할법원 판사로부터 체포영장을 발부받아 그의 집으로 향했습니다. 강제수사에 판사의 '영장'을 필요로 하는 이유는 경찰이나 검찰과 같은 수사기관의 권한 남용을 억제하고 국민의 권리를 보장하기 위해서이죠.

자동차를 몰고 도주하는 그를 추격 끝에 붙잡았습니다. 불현듯 얼마 전 선배 검사와 나누었던 얘기가 머리를 스쳤습니다. 선배는 당시 미성년자를 강간한 유력한 용의자를 체포하여 몇 시간 동안의 조사 끝에 겨우 자백을 받아냈다고 합니다. 하지만 그 피의자는 재판을 받으며 자신이 조사를 받는 동안 변호인의 도움을 받을 권리나 진술을 거부할 권리 등에 대해 전혀 보장받지 못하였다고 하였습니다. 법원은 그와 같은 권리들은 모두 헌법상의 권리이고 이들을 침해하여 얻어낸 증거는 유죄의 증거로 사용할 수 없다고 판단하였습니다. 결국 무죄가 확정되었습니다. 그의 이름은 '에르네스토 미란다', 그로부터 '미란다 원칙Miranda Rule'이 생겼습니다.

형사소송법 제200조의5(체포와 피의사실 등의 고지)
검사 또는 사법경찰관은 피의자를 체포하는 경우에는 피의사실의 요지, 체포의 이유와 변호인을 선임할 수 있음을 말하고 변명할 기회를 주어야 한다.

즉시 그에게 '미란다 원칙'을 고지하였습니다. 범죄혐의 사실이 무엇이며 체포의 이유가 무엇인지, 그리고 변호인을 선임할 수 있음을 알려주었습니다. 그는 결백하다며 변호인을 선임했습니다. 그의 혐의를 입증할 다른 증거들을 수집해야 했죠.

인 두비오 프로 레오

판사의 '영장'을 받아 다시 범죄 현장을 찾았습니다. 증거물을 '수색'하여 '압수'하기 위해서였습니다. '압수'란 강제력을 사용하여 증거물 등을 가져오는 처분이고 '수색'이란 압수할 물건을 발견하기 위하여 사람이나 장소 등에 대해 하는 처분으로 모두 강제처분입니다.

그녀가 쓰러져 있던 곳 근처에서 피가 묻어 있는 장갑을 발견했습니다. 왼쪽 장갑뿐이었죠. 그리고 그곳에는 몇 개의 발자국이 찍혀 있었습니다.

그를 체포한 때로부터 막 24시간이 지나고 있었습니다. 체포한 때로부터 48시간 이내에 구속영장을 청구하지 않으면 그를 석방해야 합니다.

형사소송법 제198조(준수사항)
① 피의자에 대한 수사는 불구속 상태에서 함을 원칙으로 한다.

'구속'이란 체포보다 오랜 기간에 걸쳐 피의자 등의 신체의 자유를 제한하는 강제처분입니다. 피의자 등을 외부 사회와 격리시켜 직업 활동 등을 할 수 없게 함은 물론, 마치 범인인 것처럼 보이게 하여 명예를 훼손합니다. 형사절차적 관점에서 가장 큰 문제는 수사기관의 공격에 대해 제대로 된 방어권을 행사할 수 없게 된다는 것이죠. 이같이 구속은 기본권에 대한 심각한 결과를 초래하므로, 반드시 '비례성의 원칙'이 지켜져야 합니다. 필요한 최소한도의 범위 안에서만 행해져야 합니다. 즉 불구속수사가 원칙입니다.

피 묻은 장갑에서 그와 그녀의 DNA가 검출되었습니다. 바로 그의 집을 압수·수색하였습니다. 피 묻은 장갑과 짝이 맞는 오른쪽 장갑이 발견되었습니다. 현장 주변에 찍힌 발자국의 크기는 그의 신발 크기와 같았습니다. 그의 옷과 양말에서 피가 발견되었는데, 그 피에서 그녀의 DNA가 검출되었습니다. 그리고 그는 왼손잡이였습니다. 그를 체포한 때로부터 48시간이 임박한 순간이었습니다. 관할법원 판사에게 그에 대한 구속영장을 청구했습니다.

판사는 지체 없이 피의자를 심문審問●해야 했습니다. 검찰이 제출한 서류만으로 구속 여부를 결정할 것이 아니라, 구속영장 청구를 받은 판사가 직접 피의자를 심문하여 구속 여부를 결정하라는 것이죠. 이를 '구속전 피의자심문제도'라거나 '영장실질심사제도'라고 합니다. 법관(판사)과 얼굴을 마주 보고 그에게 변명할

● 적절한지 혹은 타당한지 등의 '가치'를 판단할 때 물어보는 절차. '사실' 여부를 확인하기 위하여 물어보는 절차인 '신문(訊問)'과 구별되는 개념입니다.

인 두비오 프로 레오

수 있는 '법관 대면권'은 강제처분의 남용을 통제하는 법치국가 원리의 핵심적 권리 중 하나입니다.

그러나 판사는 그의 변명을 받아들이지 않았습니다. 구속영장을 발부하였습니다. 그는 구속되었습니다.

구속에 대해 다툴 수 있는 방법이 하나 더 남아 있었습니다. 그의 변호인은 그에 대한 구속이 적법하지 않을 뿐만 아니라 부당하다며 법원에 심사를 청구하였습니다. 구속이 적법하지 않거나 부당하므로 그를 석방시켜달라는 것이죠. 이를 '구속적부심사제도'라고 합니다. 판사가 구속영장을 발부한 것에 대해 불복할 수 있는 기회를 보장한 것입니다.

그러나 법원은 그 청구 역시 이유 없다고 판단하였습니다. 청구는 '기각'되었습니다. 결국 그는 구속된 채로 자신을 방어해야 했습니다.

헌법 제12조

④ 누구든지 체포 또는 구속을 당한 때에는 즉시 변호인의 조력을 받을 권리를 가진다. 다만, 형사피고인이 스스로 변호인을 구할 수 없을 때에는 법률이 정하는 바에 의하여 국가가 변호인(즉 국선변호인)을 붙인다.

헌법은 체포나 구속을 당한 피의자의 '변호인의 조력을 받을 권리'를 기본권으로 보장하고 있습니다. '변호인의 조력을 받을 권리'란 국가권력의 일방적인 형벌권 행사에 대해 자신에게 부여된 헌법상·소송법상 권리를 효율적으로 행사하기 위하여 변호인의 '도움'을 얻을 피의자 등의 권리를 의미합니다. 따라서 그 핵심 내용은 변호인과의 자유로운 '접견교통권'이 됩니다. '접견교통권'이란 체포나 구속된 피의자 등이 변호인 등과 접견하고 서류나 물건을 주고받으며 의사의 진료를 받는 권리를 말합니다.

그는 변호인을 통하여 외부 사회와 교류했고 심리적으로 안정을 얻었습니다. 방어를 준비한 것은 물론입니다. 그가 변호인을 접견할 때는 교도관을 입회하게 했는데, 그의 변호인은 접견할 때 교도관이 함께 있으면 접견 내용의 비밀이 보장될 수 없어 변호인의 조력을 받을 권리를 침해한다고 주장했습니다. 이에 대해 헌법재판소는 다음과 같이 판단하였습니다.

변호인과의 자유로운 접견은 신체구속을 당한 사람에게 보장된 변호인의 조력을 받을 권리의 가장 중요한 내용이어서 국가안전보장, 질서유지, 공공복리 등 어떠한 명분으로도 제한될 수 있는 성질의 것이 아니다.

변호인의 조력을 받을 권리의 필수적 내용은 신체구속을 당한 사람과 변호인과의 접견교통권이며, 이러한 접견교통권의 충분한 보장은 구속된 자와 변호인의 대화 내용에 대하여 비밀이 완전히 보장되고 어떠한 제한·영향·압력 또는 부당한 간섭없이 자유롭게 대화할 수 있는 접견을 통하여서만 가능하고, 이러한 자유로운 접견은 구속된 자와 변호인의 접견에 교도관이나 수사관 등 관계 공무원의 참여가 없어야 가능하다.

더 이상 접견에 있어서 교도관이나 수사관의 입회는 허용되지 않았습니다. 아직도 결백하다고 진술할는지 직접 그에게 물어보아야 했습니다.

검찰청에 출석했을 때 그는 포승에 묶인 채 수갑을 차고 있었습니다. 포승과 수갑을 모두 풀어주었습니다. 피의자는 조사 과정에서 신체적으로나 심리적으로 위축되지 않은 상태에서 방어권을 충분히 행사할 수 있어야 하기 때문입니다. 그리고 다음 사항에 대해 알려주어야 합니다.

1. 일체의 진술을 하지 아니하거나 개개의 질문에 대하여 진술을 하지 아니할 수 있다는 것.
2. 진술을 하지 아니하더라도 불이익을 받지 아니한다는 것.

3. 진술을 거부할 권리를 포기하고 행한 진술은 법정에서 유죄의 증거로 사용될 수 있다는 것.

진술을 거부할 수 있는 권리, 즉 '진술거부권'입니다.

형사상 자기에게 불리한 진술을 강요당하지 아니한다.

헌법 제12조 제2항은 진술거부권을 국민의 기본권으로 보장하고 있습니다. 피의자가 불리한 진술을 강요당한다면 상대방인 검사에게 자신을 공격할 무기를 쥐여주는 꼴이 되어—'공정한 재판의 원칙'으로부터 파생하는—'무기평등의 원칙'을 실현할 수 없고, 피의자의 인권을 보장할 수 없게 됩니다. 피의자에게 진술을 거부할 수 있음을 알려주지 않는다면 그 효과는 다음과 같을 것입니다. 이는 대법원의 확고한 태도입니다.

피의자의 진술거부권은 헌법이 보장하는 형사상 자기에게 불리한 진술을 강요당하지 않는 '자기부죄거부의 권리'*에 터잡은 것이므로 수사기관이 피의자를 신문訊問함에 있어 피의자에게 미리 진술거부

● 자기부죄거부(自己負罪拒否)의 특권. 자기 스스로 죄를 떠맡는 것을 거부할 수 있는 특별한 권리.

권을 고지하지 않은 때에는 그 피의자의 진술은 위법하게 수집된 증거로서 유죄의 증거로 사용할 수 없다.

그리고 다음 사항에 대해서도 알려주어야 합니다.

4. 신문을 받을 때에는 변호인을 참여하게 하는 등 변호인의 조력을 받을 수 있다는 것.

변호인의 피의자신문 참여권입니다. 수사기관이 피의자를 신문할 때 변호인을 참여하게 하는 것은 피의자의 인권보장에 중요한 방어 수단이 되기 때문입니다. 그는 진술거부권을 행사하지 않았습니다. 다만 변호인의 참여를 신청하였죠. 동기 검사의 귀띔을 떠올렸습니다.

한번은 변호인이 신문 내용을 녹음할 것을 요청했다고 합니다. 그래서 동기 검사가 굳이 녹음을 해야겠다면 피의자가 신문을 받으며 스스로 녹음을 하고 변호인은 피의자로부터 떨어진 곳으로 옮겨 앉을 것을 요구하였는데, 변호인이 피의자 옆에 앉아 있을 것을 계속 주장하여 결국 그를 조사관실에서 퇴실시켰다는 것입니다. 변호인은 이의를 제기하였고 대법원은 다음과 같이 판단하였습니다.

검사 또는 사법경찰관은 피의자 또는 그 변호인 등의 신청에 따라 변호인을 피의자와 접견하게 하거나 '정당한 사유'가 없는 한 피의자에 대한 신문에 참여하게 하여야 한다(형사소송법 제243조의2 제1항). '정당한 사유'란 변호인이 피의자신문을 방해하거나 수사기밀을 누설할 염려가 있음이 객관적으로 명백한 경우 등을 말하는 것이므로, 수사기관이 피의자신문을 하면서 위와 같은 정당한 사유가 없는데도 변호인에 대하여 피의자로부터 떨어진 곳으로 옮겨 앉으라고 지시를 한 다음, 이러한 지시에 따르지 않았음을 이유로 변호인의 피의자신문 참여권을 제한하는 것은 허용될 수 없다.

정당한 사유 없이 변호인을 참여하게 하지 아니한 채 피의자를 신문하여 작성한 피의자신문조서는 '적법한 절차와 방식'에 위반된 증거일 뿐만 아니라 '적법한 절차에 따르지 아니하고 수집한 증거'에 해당하므로 이를 증거로 할 수 없다.

'적법한 절차.' 신임 검사의 첫 실전 신문은 그렇게 뼈아픈 깨달음을 얻게 하였습니다. 그의 옆자리를 비워두었습니다. 곧 도착한 변호인의 자리였습니다. 신문이 시작되었습니다. 변호인에게는 자신의 의견을 진술하거나 부당하다고 생각되는 신문 방법

인 두비오 프로 레오

에 대해 이의를 제기할 수 있는 기회가 주어졌습니다.

　　그를 체포한 때로부터 28일째 되는 날이었습니다. 그는 여전히 결백을 주장하였습니다. 30일이 만료되기 전에 공소를 제기('기소')해야 할지, 공소를 제기하지 않는 '불기소처분'을 해야 할지 결정해야 했습니다. 피 묻은 장갑, 그의 옷과 양말에서 검출된 DNA, 그의 집에서 발견된 오른쪽 장갑, 현장에서 발견된 발자국의 크기와 그의 신발의 크기, 왼손잡이. 그가 거짓말을 하고 있다고 판단했습니다.

　　살인죄의 구성요건해당성이 인정되므로 '혐의 없음'의 불기소처분을 할 수도, 위법성조각사유나 책임조각사유가 있는 것도 아니므로 '죄가 안 됨'의 불기소처분을 할 수도 없었습니다. 또한 살인죄는 고소와 같은 소송조건이 있어야만 공소를 제기할 수 있는 사건이 아니므로, 고소 등 소송조건이 없다면서 '공소권 없음'의 불기소처분을 할 수 있는 경우도 아니었습니다.

　　물론 범죄혐의가 모두 인정되더라도 범인의 나이, 성행, 지능과 환경, 범행의 동기, 수단과 결과, 범행 후의 정황 등을 알맞게 고려하여 공소를 제기하지 않을 수도 있습니다. 불기소처분 중 하나로서 기소를 하지 않고 미루어둔다는 '기소유예' 제도입니다. 범인에게 벌을 주는 대신 개과천선의 기회를 주는 것입니다. 검사는 스스로 판단하여 기소를 할 수도 안 할 수도 있는 것입니다. 이를 두고 '기소편의주의'라고 합니다. 그러나 반성의 기색 하나 없이 끝까지 범죄혐의를 인정하지 않는 그에게 기소를 유예할 이유란 전혀 없었습니다.

형사소송법 제246조(국가소추주의)
공소는 검사가 제기하여 수행한다.

'기소독점주의.' 공소를 제기할 수 있는 권한은 오로지 검사에게 독점되어 있습니다. 그를 살인죄로 기소하였습니다. 그의 신분이 '피의자'에서 공소가 제기된 '피고인'으로 변경되는 순간이었습니다. 수사가 '종결'되고 법원의 심판('공판')이 개시되는 것이죠. 그는 '수사의 대상'(객체)에서 검사와 대등한 지위에서 대립하는 '형사소송의 당사자'(주체)가 되었습니다.

'공판' 혹은 '공판절차'란 공소가 제기된 사건에 대하여 당사자가 서로 주장하거나 진술하고, 법원은 자세히 조사(심리)하여 재판을 하는 단계를 말합니다. 당사자 검사의 공격과 당사자 피고인의 방어를 중심으로 펼쳐지므로 이른바 '당사자주의'가 지배하는 소송의 형태입니다. 나아가 법원의 모든 심리가 이루어지는 단계이므로 형사절차의 가장 중심이 됩니다. 즉 법관의 유죄·무죄에 대한 심증의 형성은 공판절차에서 이루어져야 한다는 '공판중심주의'가 굳게 서 있습니다. 여기에는 몇 가지 기본원칙이 있습니다.

우선 '공개주의'입니다. 누구에게나 공판의 방청이 허용된다는 것이죠. 헌법은 공개재판을 받을 권리를 국민의 기본적 권리로 보장(제27조 제3항)하고 있을 뿐 아니라 법원에 대해 재판공개의 원칙을 선언(제109조)●하고 있습니다. 공판절차를 국민의 감시 아래에 두어 국민의 신뢰를 담보하고자 하는 것입니다. 또한 당사자의 '구두口頭', 즉 문서나 서면보다 서로 마주 대하여 입으로 하는 말에 의한 공격이나 방어를 근거로 심판하여야 한다는 '구두변론주의', 법관이 공판절차에서 직접 조사한 증거만을 재판의 근거로 삼아야 한다는 '직접주의', 국민의 신속한 재판을 받을 권리(헌법 제27조 제3항)를 보장하기 위한 '집중심리주의' 등이 있습니다. 모두 공판절차에서의 공정을 유지하기 위한 것들입니다.

공소의 제기가 있으면 법원은 피고인이나 변호인에게 '국민

● "헌법 제109조. 재판의 심리와 판결은 공개한다. 다만, 심리는 국가의 안전보장 또는 안녕질서를 방해하거나 선량한 풍속을 해할 염려가 있을 때에는 법원의 결정으로 공개하지 아니할 수 있다."

참여재판'을 원하는지 반드시 확인하여야 합니다. '국민참여재판'이란 국민 중에서 선정된 '배심원'들이 사실의 인정이나 형량을 정하는 데 의견을 제시하는 등으로 참여하는 형사재판입니다. 사법의 민주적 정당성과 국민의 신뢰성을 높이기 위한 제도입니다. 다만 모든 사건에 대해 할 수 있는 것은 아니고, 법에서 정하고 있는 형벌(즉 법정형)이 '사형, 무기 또는 가장 짧은 기간이 1년 이상의 징역 또는 금고'에 해당하는 사건을 대상으로 함이 원칙입니다. 살인죄의 법정형은 사형, 무기 또는 5년 이상의 징역이므로 대상 사건이 됩니다. 그는 변호인을 통하여 국민참여재판을 원한다는 답변을 보냈습니다.

첫 공판기일이 열렸습니다. 판사(재판장), 배심원, 피고인인 그와 그의 변호인 그리고 검사인 저 모두 출석하였습니다. 그와 변호인은 저와 대등하게 마주 보고 위치했고, 배심원들은 재판장과 검사석·피고인석 사이 왼쪽에 있었습니다.

맨 처음의 '모두●절차'는 진술거부권의 고지로부터 출발합니다. 재판장은 그에게 진술하지 아니하거나 개개의 질문에 대하여 진술을 거부할 수 있음을 고지했습니다. 그다음 그의 성명, 나이,

● 모두(冒頭). 말이나 글의 '첫머리'를 의미합니다.

주소지, 직업 등을 물어서 그가 공소가 제기된 피고인임이 틀림 없음을 확인하였습니다. 이를 '인정신문'이라고 합니다.

피고인석에 출석해 있는 사람이 공소장에 기재된 피고인임이 확인되면, '검사의 모두진술'이 이어집니다. 검사가 공소장에 의해 공소사실, 죄명 등을 낭독하는 것입니다. 저는 그가 전 부인을 살해하였다고 진술하였습니다.

이제 그가 공소사실의 인정 여부를 진술해야 합니다. '피고인의 모두진술'이죠. 그는 진술거부권을 행사하지 않았습니다. 자리에서 일어나 결백하다고 말했습니다. 공소사실을 부인하였습니다.

그러자 재판장은 저와 변호인에게 앞으로 제출할 증거 등에 대해 진술하게 했습니다. 서로 다투는 쟁점들을 정리했습니다. 모두절차가 끝나고 다음 공판기일이 지정되었습니다. 사실을 심리하는 절차(사실심리절차)가 예정되어 있었습니다.

형사소송의 주된 목적은 형법을 적용해서 유죄나 무죄 등의 '법률관계'를 확정하는 것입니다. 그러기 위해서는 형법을 적용하려는 대상이 먼저 확정되어야 합니다. 즉 '사실관계'가 먼저 확정되어야 합니다. 유죄냐 무죄냐의 정확한 법률관계 판단을 위하여 무엇보다 정확한 사실관계 파악이 중요한 이유입니다.

형사소송법 제307조(증거재판주의)

① 사실의 인정은 증거에 의하여야 한다.

② 범죄사실의 인정은 합리적인 의심이 없는 정도의 증명에 이르러야 한다.

객관적 진실의 발견을 위하여, 법관의 제멋대로의 생각이 아닌, 반드시 '증거'에 의하여 사실을 인정하여야 합니다. 그리고 그것은 '합리적인 의심이 없는 정도beyond a reasonable doubt'여야 합니다. 이것을 '증거재판주의'라고 합니다.

다시 공판기일이 열렸습니다. 저는 증거를 제출했습니다. 피묻은 장갑, 그와 짝이 맞는 오른쪽 장갑, 그녀의 DNA가 검출된 그의 옷과 양말 등.

그의 변호인은 범죄 현장이 아닌 그의 집에서 발견된 오른쪽 장갑, 옷, 양말 등은 '위법하게 수집된 증거'로서 유죄의 증거로 쓸 수 없다고 반박했습니다.

형사소송법 제308조의2(위법수집증거의 배제)

적법한 절차에 따르지 아니하고 수집한 증거는 증거로 할 수 없다.

'위법수집증거의 배제 법칙'이란 위법한 절차에 의해 수집된 증거의 '증거능력'을 인정하지 않는 원칙입니다. '증거능력'이란 공소제기된 범죄사실을 증명하는 데 사용될 수 있는 증거의 '자격'을 말하므로, 증거능력이 없다는 것은 곧 증거로서의 자격이 없다는 것을 의미합니다. 수사의 적법절차를 보장하고 위법한 수사를 억제하기 위한 가장 효과적인 방법입니다.

다만 모든 위법의 경우가 여기에 해당하는 것은 아닙니다. 여기서 '위법'이란 헌법과 형사소송법이 정한 절차에 따르지 않음으로써 기본적 인권보장을 위해 마련된 적법절차due process의 기본이념에 반하는 '중대한 위법'을 뜻합니다. 예를 들어 '영장주의'에 위배하여 영장 없이 증거물을 압수하거나, 증언거부권을 고지하지 않은 채 증인을 신문하거나, 고문, 폭행, 협박 등의 방법으로 피고인의 자백을 받아내는 경우 등입니다.

그의 집을 압수·수색할 때 범죄 현장의 압수·수색을 위하여 발부받은 영장을 사용하였습니다. 그런데 '영장주의'는 일반영장을 금지합니다. 즉 압수·수색영장에는 피고인의 성명, 죄명, 압수할 물건, 수색할 장소·신체·물건, 영장 발부 날짜, 영장의 유효기간과 그 기간이 지나면 영장을 반환하여야 한다는 취지 등을 기재하여야 합니다. 같은 영장으로 여러 차례 같은 장소를 압수·수색할 수 없고, 영장을 제시하고 적법하게 압수·수색을 마친 경우에는 그 영장의 유효기간이 지나지 않은 때에도 새로운 영장을 발부받지 않는 한 같은 장소에 대해 다시 압수·수색할 수 없습니다. 피고인의 집에 대한 압수·수색은 영장 없이 이루어진 것이었습니다. 그의 집에서 압수한 물건들은 모두 위법수집증거로서 증거능력을 잃었습니다.

진실의 발견은 적법한 절차를 통하여 이루어져야 합니다. '적법절차의 원리'란 헌법정신을 나타내는 공정한 법적 절차에 의하여 형벌권이 행사되어야 한다는 원칙입니다. 위법수집증거는 증거의 세계에서 영원히 추방됩니다. 위법수집증거에 의해 얻은 2차적 증거 역시 유죄 인정의 증거로 삼을 수 없습니다. 독이 있는 나무는 그 열매 역시 독이 있다는 '독수독과毒樹毒果, Fruit of the poisonous tree 이론'입니다.

이제 피 묻은 장갑 한쪽이 남았습니다.

그의 변호인은 피 묻은 장갑이—증거능력은 있지만—'증명력'은 없다고 주장했습니다. 그의 장갑이 아니라고, 믿을 만한 증거가 아니라고 말이죠. 증거로서의 자격을 갖춘, 즉 증거능력이 있는 증거는 법관에 의하여 '증명력'에 대한 판단을 받습니다. 증명력이란 증거로서의 실질적인 '가치'를 의미합니다. 그 판단은 자유롭습니다.

형사소송법 제308조(자유심증주의)

증거의 증명력은 법관의 자유판단에 의한다.

이를 '자유심증주의'라고 합니다. 어느 증거를 선택할 것인지, 어느 증거를 믿을 것인지 모두 법관의 자유입니다. 법관이 법적 구속을 받지 않고 구체적으로 타당하게 판단하여 실체적 진실을 발견하라는 것입니다.[•]

그러나 그 자유는 무제한적이지 않습니다. 여전히 '논리와 경험법칙' 안에 머물러야 합니다. 자유심증주의는 합리적인 사실관계의 인정에 목적이 있기 때문이죠. 일관성 없는 진술이나 애매하고 모순된 진술, 객관적으로 합리성이 인정되지 않은 증거로써 사실을 인정하는 것은 허용되지 않습니다.

변호인의 도발은 무모했습니다. 저는 피고인에게 배심원들 앞에서 그 장갑을 착용하라고 요청했습니다. 그의 손에 맞는다면 그가 그녀를 살해한 유력한 범인일 것입니다. 방청석이 웅성거렸습니다. 그는 머뭇거렸고, 이내 마지못한 듯 장갑을 건네받아 손

[•] 피고인의 자백이 그 피고인에게 불리한 유일한 증거일 때에는 그 자백의 증명력이 제한됩니다. 즉 자유심증주의의 예외입니다. 따라서 피고인에게 유죄를 선고하기 위해서는 자백에 대한 '보강증거'가 있어야 합니다. 형사소송법 제310조에서 이를 정하고 있습니다.
"형사소송법 제310조(불이익한 자백의 증거능력). 피고인의 자백이 그 피고인에게 불이익한 유일의 증거일 때에는 이를 유죄의 증거로 하지 못한다."

을 넣었습니다.

일부러 장갑을 끼우지 않는 것이 아니었습니다. 맞지 않았습니다. 장갑은 그의 손에 너무 작았습니다. 누구도 그가 그 장갑을 끼고 날카로운 것으로 그녀를 강하게 여러 번 찔렀다고 생각할 수 없을 정도였습니다. 방청석이 더욱 웅성거렸죠. 그리고 그의 변호인이 말했습니다.

"맞지 않으면, 무죄입니다(If it doesn't fit, you must acquit)."

모든 변론이 종결되었습니다. 재판장은 배심원에게 공소사실의 요지와 피고인·변호인 주장의 요지, 증거능력 등에 대해 설명하였습니다. 배심원들은 유·무죄에 관해 서로 의견을 교환하여 의논(평의)하였습니다. 그리고 다수결로 그가 유죄라고 '평결'했습니다. 이제 법원의 판결이 남았습니다. 배심원의 평결은 법원을 구속하지 않습니다. 다만 법원이 배심원의 평결과 다른 '판결'을 선고한다면 그 이유를 설명해야 합니다.

무죄. 법원은 무죄를 선고하였습니다. 이유는 간단했습니다.

인 두비오 프로 레오

in dubio pro reo(인 두비오 프로 레오).

'의심스러운 때에는 피고인의 이익으로.' 라틴어 법언입니다. 피고인에게 유죄의 판결을 선고하기 위해서는 법관은 확신을 가지거나 적어도 '합리적인 의심이 없는 증명(proof beyond a reasonable doubt)'이 있어야 하는데, 증거를 평가한 결과 법관이 그 정도의 심증을 얻지 못한다면 피고인에게 불리한 판단을 할 수 없다는 것입니다. 형사절차에서 피의자나 피고인은 유죄의 판결이 '확정'될 때까지 무죄로 추정된다는 '무죄추정의 원칙'입니다(헌법 제27조 제4항). 열 명의 범인을 놓치더라도 한 명의 잘못 없는 죄인을 만들지 말라. 이는 인권보장 역사의 산물입니다. 불구속수사(불구속재판)의 원칙, 구속된 피의자나 피고인의 접견교통권, 진술거부권 등 모두 무죄추정의 원칙에서 비롯되었습니다. 무죄추정의 원칙은 수사가 시작되고 공판에 이르기까지 형사절차의 모든 과정을 지배하는 원리입니다. 재판장이 판결문을 낭독하였습니다.

형사재판에서 범죄사실의 인정은 법관으로 하여금 합리적인 의심을 할 여지가 없을 정도의 확신을 가지게 하는 증명력을 가진 엄격한 증거에 의하여야 하므로, 검사의 입증이 위와 같은 확신을 가지게 하는 정도에 충분히 이르지 못한 경우에는 비록 피고인의 주장이나 변명이 모순되거나 석연치 않은 면이 있는 등 유죄의 의심이 간다고 하더라도 피고인의 이익으로 판단하여야 한다.

그의 얼굴은 희미한 미소를 띠었습니다. 그는 변호인과 악수를 하고 포옹을 했습니다. 방청석에서는 그녀의 유족들이 흐느끼는 소리가 들렸습니다. 멍해졌습니다. 그의 이름은 오렌탈 제임스 심슨Orenthal James Simpson. 사람들은 그를 O. J. 심슨이라고 불렀습니다. •

• 미국에서 실제로 있었던 O. J. 심슨 사건(People of the State of California v. Orenthal James Simpson)을 형사소송의 이해를 위하여 각색, 재구성하였습니다. 장갑은 실제로 그의 손에 맞지 않았고, 그는 무죄가 확정되었습니다.

인 두비오 프로 레오

11

신의와 성실의 원칙

**법률관계 안에서
어떻게 행동하여야 하는가**

원고●는 자동차를 운전하고 가다가 반대 방향에서 중앙선을 침범한 트럭에 충돌당하여, 두개골이 골절되는 심각한 상해를 입었습니다. 그는 식물인간 상태에 빠졌습니다. 그로부터 2년 후 생계가 막막해진 그의 아내는 원고가 사고 전 보험에 든 것을 알고 원고의 대리인으로 보험회사에 보험금을 청구하였지요. 피고 보험회사는 보험금을 청구할 수 있는 2년의 기간이 지났다며 보험금의 지급을 거절했습니다. 보험금청구권의 '소멸시효'인 2년이 '완성'되었다는 주장이었지요.

● 　민사소송 등에서 자신의 권리를 주장하며 소송을 제기한 사람을 말합니다. 그에 대해 소송이 제기된 반대 당사자를 '피고'라고 하지요. 그러나 '형사소송'에서는 유죄를 주장하여 공소를 제기한 사람은 '검사'이고 공소가 제기된 사람은 '피고인'이라는 구별되는 개념을 사용한다는 것, 우리는 이미 잘 알고 있습니다.

권리 위에 잠자는 자를 보호하지 않는다.

민법은 권리를 행사하지 않는 사실상태가 일정 기간 계속되면 그 권리가 소멸하는 효과가 발생하는 '소멸시효' 제도를 두고 있습니다. 어떠한 사실상태가 오래 유지되면 그것을 기초로 법률관계가 맺어지기도 하는데, 어느 순간 권리를 행사하여 그러한 사실상태를 무너뜨리면 사회질서가 혼란에 빠질 수 있기 때문이지요. 피고 보험회사의 주장은 근거 없는 것이 아니었습니다.

또 이런 사건이 있었습니다. 원고는 자기 소유의 주택에서 살고 있는 피고들에게 그만 퇴거하여줄 것을 청구하였습니다. 피고들 중 한 명은 80세가 넘는 고령으로 고혈압, 당뇨, 심장질환 등을 앓고 있었고 다른 한 명은 스스로 어려운 처지에도 불구하고 그를 모시며 부양하고 있었지요. 그들에게는 다른 거처를 마련할 경제적 여유는 물론, 그곳에서 살 정당한 권리도 없었습니다. 원고는 그중 한 명의 딸이자 다른 한 명의 누나였습니다.

첫 번째 사건에서는 피고 보험회사의 소멸시효 완성 주장을, 두 번째 사건에서는 원고 딸의 소유권 주장을 받아들이는 것이 논리적일 테지요. 그렇다면 아내는 보험금을 받을 수 없고, 아버지와 남동생은 주택에서 나가야 합니다. 논리란 가혹하군요. 다음은 첫 번째 사건에 대한 대법원의 판단입니다.

보험금청구권에 대하여는 2년이라는 매우 짧은 소멸시효기간이 정해져 있으므로 보험자(피고 보험회사) 스스로 보험금청구권자(원고)의 사정을 성실하게 배려할 필요가 있는 점, 권리를 행사할 수 없게 하는 여러 사유 중 권리자의 심신상실 상태에 대하여는 특별한 법적 고려를 베풀 필요가 있다는 점, 피고 보험회사는 원고가 이 사건 교통사고로 인하여 의식불명의 상태에 있다는 사실을 그 사고 직후부터 명확하게 알고 있었다는 점 등을 종합하면, 피고 보험회사가 주장하는 소멸시효 완성의 항변을 받아들이는 것은 '신의성실의 원칙'에 반하여 허용되지 않는다. 피고 보험회사는 원고에게 보험금을 지급하라.

그리고 두 번째 사건입니다.

외국에 이민을 가 있어 주택에 입주하지 않으면 안 될 급박한 사정이 없는 딸이 고령과 지병으로 고통을 겪고 있는 상태에서 달리 마땅한 거처도 없는 아버지와 그를 부양하면서 동거하고 있는 남동생을 상대로 자기 소유 주택에서 나가 달라고 청구하는 행위는 인륜에 반하는 행위로서 '권리남용'에 해당한다. 원고의 청구를 기각한다.

법이 생명력을 가질 수 있는 이유는 무엇일까요. '정의'를 실현하기 때문입니다. 논리의 결과가 사회적으로 '도저히 받아들일 수 없는 가혹한 결과'가 된다면, 법은 본래의 모습 그대로 적용되는 것을 받아들이지 않습니다. 법은 법의 이름으로 자행된 불의를 스스로 제거하여 그 생명력을 보존합니다. 바로 '신의성실의 원칙'의 역할입니다.

민법 제2조(신의성실)
① 권리의 행사와 의무의 이행은 신의에 좇아 성실히 하여야 한다.
② 권리는 남용하지 못한다.

'신의성실信義誠實의 원칙'이란 법률관계의 당사자는 상대방의 이익을 배려함으로써 형평에 어긋나거나 신뢰를 저버리는 내용·방법으로 권리를 행사하거나 의무를 이행하여서는 안 된다는 원칙입니다. 서로 법률관계를 맺으면 각자 법률관계의 당사자로서 일정한 '역할'을 맡게 되지요. 그리고 상대방에 대해 그 역할에 걸맞은 행동을 기대하게 됩니다. 신뢰하게 되지요. 법률관계에서 이 같은 상대방의 자신에 대한 역할기대를 배반하지 않고 정성으로 행동하여야 한다는 원칙, 이를 줄여서 '신의칙信義則'이라고도 부릅니다. 흔히 이런 예를 들곤 하지요. 100만 원을 빌린

자(채무자)가 그 돈을 빌려준 자(채권자)에게―단 10원의 부족함도 없다 해도―오로지 10원짜리 동전으로만 모아 갚는다면 그러한 채무의 이행은 신의칙에 위배됩니다.

조금 더 깊이 들어가볼까요. 원고는 자기의 딸로 하여금 자기의 땅위에 건물을 짓도록 허락해주었습니다. 그런데 그녀는 채권자로부터 빌린 돈을 갚지 못하였고 결국 그 건물은 지은 지 얼마 안 되어 경매로 넘어가게 되었지요. 건물은 피고에게 낙찰되었습니다. 피고가 새로운 주인이 된 것입니다. 그러자 원고가 자기의 땅이니 건물을 철거해달라며 소송을 제기한 것이지요. 대법원은 다음과 같이 판단하였습니다.

원고가 그의 친딸을 위하여 견고한 건물을 신축하게 하였다가 이것이 그녀의 채권자의 경매신청에 의하여 피고에게 낙찰되자 그 뜻을 바꾸어 신축한 지 얼마 되지 아니한 이 사건 건물의 철거를 구하는 것은 특별한 사정이 없는 한 신의성실의 원칙에 어긋난다고 볼 수 있을 것이다.

권리자가 종전의 행동과 '모순'되는 내용으로 권리를 행사하는 것은 허용되지 않는다는 것입니다. 이를 '모순행위금지의 원칙'*이라고 합니다. 신의칙의 파생원칙 중 하나이지요. 이처럼 신의칙에 위배되는 권리의 행사는 그에 따른 법적 효과가 발생하지 않습니다.

　신의칙이 권리행사를 '제한'하는 것만은 아닙니다. 그 내용을 '확장'하기도 하지요. 숙박업자에게 단순히 숙박시설을 제공하는 것 외에 고객에게 위험이 없는 안전하고 편안한 객실을 제공함으로써 고객의 안전을 배려하여야 할 '보호의무'를 부담시키거나, 직원을 고용한 자(사용자)에게 고용된 자(피용자)가 일을 하는 과정에서 생명, 신체, 건강을 해치는 일이 없도록 환경을 정비하는 등 필요한 조치를 찾아 대책을 세워야 할 '보호의무'를 부담하게 하는 것과 같은 것이지요. 이와 같은 의무를 '신의칙상 부수적 의무'라고 합니다. 부수적이지만 그 의무를 다하지 않는다면 '채무불이행'**이나 '불법행위'***로 인한 손해배상책임을 지게 됩니다. 계약당사자들이 분명하게 드러내 보이지 아니한 계약의 내용

● '금반언(禁反言) 원칙'이라고도 합니다. 말(言)을 뒤집는 것(反)을 금지한다(禁)는 것이지요.
●● "민법 제390조(채무불이행과 손해배상). 채무자가 채무의 내용에 좇은 이행을 하지 아니한 때에는 채권자는 손해배상을 청구할 수 있다. 그러나 채무자의 고의나 과실없이 이행할 수 없게 된 때에는 그러하지 아니하다."
●●● "민법 제750조(불법행위의 내용). 고의 또는 과실로 인한 위법행위로 타인에게 손해를 가한 자는 그 손해를 배상할 책임이 있다."

신의와 성실의 원칙

을 신의칙을 기준으로 보충해석함으로써 그들의 이익을 더욱 공정하고 합리적으로 도모하기 위함입니다.

또한 신의칙은 계약의 내용을 '조정'합니다. 원고가 피고에게 위스키를 파는 계약을 맺었는데, 그 후 극심한 경제적 변동으로 주류(술)에 매기는 세금이 큰 폭으로 올라 기존 계약 금액으로는 세금도 낼 수 없게 된 경우라면, 계약 금액을 인상하거나 계약을 해제할 수 있도록 허용하는 것이지요. 기존 법률행위(계약)의 기초가 상실되었으니—즉 사정의 변경이 생겼으니—신의칙상 기존 법률행위의 효력 역시 유지될 수 없다는 것입니다. 이를 '사정변경의 원칙'이라고 합니다. 역시 신의칙의 파생원칙 중 하나이지요. 대법원은 다음과 같이 설명하고 있습니다.

계약 성립의 기초가 된 사정이 현저히 변경되고 당사자가 계약의 성립 당시 이를 예견할 수 없었으며, 그로 인하여 계약을 그대로 유지하는 것이 당사자의 이해에 중대한 불균형을 초래하거나 계약을 체결한 목적을 달성할 수 없는 경우에는 계약준수원칙의 예외로서 사정변경을 이유로 계약을 해제·해지할 수 있다.

이처럼 신의칙은 법전에 쓰여 있는 법조항과 사회에서 인정되는 정의 사이의 벌어진 틈을 메워 법을 더욱 살아 있게 합니다. 당사자가 마음대로 적용하지 않거나 그 내용을 바꾸어서 적용할 수 있는 것이 아니지요. 즉 신의칙은 '강행규정'입니다. 그리고 모든 법 영역에 적용되지요. 법률관계에 대하여는 항상 적용됩니다. 법적 결합관계에 있는 사람들이 반드시 지켜야 할 '법의 윤리'입니다. 영국의 대법관이자 세계적 법학자인 앨프리드 톰슨 데닝 경은 다음과 같이 말하였습니다.

인간은 정의가 무엇인지 어떻게 알까. 그것은 인간의 '지성'이 아니라 '정신'에 의하여 얻어진다.

법의 기술적인 규칙에 지나치게 의존하지 말고 항상 바르고 진실한 것을 구하라. 그러면 '정의'로 가는 길을 발견할 수 있을 것이다.

다만 신의칙은 추상적인 법원칙, 즉 '일반조항'입니다. 너무 쉽게 신의칙에 기대어 다툼을 해결하려는 태도는 지양되어야 하지요. 법관이 '정의'라는 이름으로 신의칙을 제멋대로 휘두른다면 오히려 '불의'가 될 수 있기 때문입니다. '법'과 '도덕'의 경계가 흐릿해질 수도 있습니다. 신의칙은 법을 적용하는 것이 법률관계가 의도한 목적과 달리 당사자에게 명백히 불공평하게 되는 예외적 경우에만 '최후의 비상수단'으로 활용하는 것이 바람직합니다.

신의와 성실의 원칙

법며들기

텔레비전을 보는데 텔레비전이 폭발했습니다. 어떻게 해야 할까요. 그 폭발로 집에 불이 났고 가진 전부를 잃었다면. 누구에게 어떻게 이 억울함을 호소해야 할까요. 어디서 무엇부터 시작해야 할지 모든 것이 막막했지만, 원고는 텔레비전 회사를 피고로 '불법행위로 인한 손해배상청구소송'을 제기했습니다. 대법원은 다음과 같이 판단하였지요.

물품을 제조·판매한 자에게 손해배상책임을 지우기 위해서는 '결함'의 존재, '손해'의 발생, 결함과 손해 발생 사이 '인과관계'의 존재가 전제되어야 한다. 하지만 고도의 기술이 집약되어 대량으로 생산되는 제품의 경우, 그 생산과정은 소비자가 알 수 있는 부분이 거의 없고 전문가인 제조업체만이 알 수 있을 뿐이어서 제품에 어떤 결함이 존재했는지 나아가 그 결함으로 손해가 발생한 것인지 여부는 제조업체 아닌 보통사람으로서는 도저히 밝혀낼 수 없는 특수성이 있어, 소비자가 그것을 완벽하게 입증한다는 것은 지극히 어렵다.

따라서 소비자가 그 사고가 제조업체의 배타적 지배 아래에 있는 영역에서 발생하였음을 입증하고 그러한 사고가 통상 발생하지 않는다고 하는 사정을 증명하면, 제조업체가 그 사고가 제품의 결함이 아닌 다른 원인으로 인하여 발생한 것임을 입증하지 못하는 이상, 그 제품은 유통단계에서 이미 사회통념상 당연히 갖추었으리라고 기대되는 합리적 안전성을 갖추지 못한 결함이 있었고 그러한 결함으로 인하여 사고가 발생한 것으로 '추정'하여 제조업체에게 책임을 부담시킬 수 있도록 소비자의 입증책임을 '완화'하는 것이 '손해의 공평하고 타당한 부담'을 지도원리로 하는 손해배상제도의 이상에 맞는다. 피고는 원고에게 손해를 배상하라.

만약에 다리가 무너진다면요. 한강 위 다리를 건너는데 갑자기 다리가 무너져서 나의 친구, 나의 가족이 죽는다면요. 이런 일이 설마 일어날까 싶은가요. 누군가의 출근길, 누군가의 등굣길이었던 성수대교가 무너졌습니다. 실제로 일어난 일입니다. 32명이 사망하고 17명이 부상을 입었지요. 부실공사가 원인이었습니다. 검사는 부실공사에 관여한 자들에 대해 공소를 제기하였고, 대법원은 다음과 같이 판결하였습니다.

성수대교와 같은 교량이 그 수명을 유지하기 위해서는 건설업자의 완벽한 시공, 감독공무원들의 철저한 감독, 담당공무원들의 철저한 유지·관리라는 조건이 모두 맞아야 하는 것이므로, 그 개별 단계에서의 잘못(과실)만으로는 성수대교가 무너지지 못한다 하더라도, 그러한 과실들이 합쳐지면 무너질 수 있다는 점은 쉽게 예상할 수 있고, 따라서 개별 단계에서 관여한 자들은 특별한 사정이 없는 한 성수대교 붕괴에 대한 '공동의 책임'을 피할 수 없다. 모두 유죄.

비단 규모가 큰 사건사고만이 아니지요. 좀 더 흔히 일어날 수 있는 일들은 또 어떤가요. 백화점에서 신상 옷을 샀습니다. 세일을 한다길래 가서 할인된 가격으로 구매하였지요. 그런데 알고 보니 그 옷은 그전에 높은 가격으로 판매된 사실이 없었습니다. 백화점이 마치 높은 가격으로 판매되던 것을 세일 기간 동안만 특별히 할인된 가격으로 싸게 판매하는 것처럼 광고한 것이지요. 어차피 제 가격에 주고 산 옷이니 아무런 문제가 없는 걸까요. 왠지 속았다는 생각이 드는 것 기분 탓일까요. 대법원의 생각은 이러하였지요.

사기죄의 요건으로서 속이는 행위, 즉 '기망행위'는 널리 재산상 거래관계에 있어 서로 지켜야 할 신의와 성실의 의무를 저버리는 모든 적극적·소극적 행위로서 사람으로 하여금 착오를 일으키게 하는 것을 말한다. 일반적으로 상품의 광고에 있어 다소 과장이나 허위가 수반되는 것은 그것이 일반 상거래의 관행과 신의칙에 비추어 인정될 수 있는 한 기망성이 없다고 하겠다. 그러나 거래에 있어서 중요한 사항에 관하여 구체적인 사실을 거래상 신의성실의 의무에 비추어 비난받을 정도의 방법으로 허위로 알린 경우에는 과장·허위광고의 한계를 넘어 사기죄의 기망행위에 해당한다.

신상품에 대해 처음 판매할 때부터 종전가격과 할인가격을 비교표시하는 이른바 변칙세일은 가격에 관하여 기망이 이루어진 경우로서, 소비자를 속이는 수단의 정도가 사회적으로 용납될 수 있는 상술의 정도를 넘은 것이어서 사기죄가 성립한다.

이번에는 이런 상황을 가정해볼까요. 원고가 자동차를 운전하는데 피고 자동차의 잘못으로 서로 충돌하는 사고가 났습니다. 원고의 자동차는 크게 파손되었지요. 수리가 불가능한 부분이 남았습니다. 그런데 피고는 수리가 가능한 부분은 배상해주겠지만, 수리가 불가능한 부분은 자신도 예상할 수 없었던 부분이라 배상해줄 수 없다고 하는군요. 수긍할 만한가요. 이것은 '손해의 공평하고 타당한 부담'인가요. 대법원은 다음과 같이 판결하였습니다.

> 불법행위로 인하여 물건이 훼손되었을 때 통상의 손해액은 수리가 가능한 경우에는 수리비가, 수리가 불가능한 경우에는 교환가치의 감소액이 되고, 수리를 한 후에도 일부 수리가 불가능한 부분이 남아 있는 경우에는 수리비 외에 수리 불가능으로 인한 교환가치의 감소액도 통상의 손해에 해당한다.
>
> 자동차의 주요 골격 부위가 파손되는 등 중대한 손상이 있는 사고가 발생한 경우, 기술적으로 가능한 수리를 마치더라도 특별한 사정이 없는 한 원상회복이 안 되는 수리가 불가능한 부분이 남는다고 보는 것이 경험칙에 부합하고, 그로 인한 자동차 가격 하락의 손해는 통상의 손해에 해당한다.

고대 그리스의 사상가인 헤라클레이토스는 "당신은 두 번 다시 같은 강물에 발을 담글 수 없다. 태양은 매일 새로워진다"고 말하였습니다. 사람, 생각 그리고 사회는 끊임없이 변화하고 있지요. 지금 이 순간에도 말입니다. 우리는 그 안에서 함께 살아가고 있습니다.

형법 제269조(낙태)

① 부녀가 약물 기타 방법으로 낙태한 때에는 1년 이하의 징역 또는 200만원 이하의 벌금에 처한다.

'낙태'란 태아를 자연분만 시기 이전에 인위적으로 모체 밖으로 배출하거나 모체 안에서 살해하는 행위입니다. 이를 처벌하는 낙태죄는 1953년 우리 형법이 처음 만들어졌을 때부터 있었지요. 그리고 그 위헌성에 대한 격렬한 논쟁이 이어졌습니다. 2012년 헌법재판소는 합헌이라고 판단하였습니다. 그러나 그로부터 7년 후인 2019년, 헌법재판소는 그 견해를 변경하였습니다.

임신·출산·육아는 여성의 삶에 근본적이고 결정적인 영향을 미칠 수 있는 중요한 문제이므로, 임신한 여성이 임신을 유지 또는 종결할 것인지 여부를 결정하는 것은 스스로 선택한 인생관·사회관을 바탕으로 자신이 처한 신체적·심리적·경제적 상황에 대한 깊은 고민을 한 결과를 반영하는 전인숕人적 결정이다.

낙태죄 조항은 입법목적을 달성하기 위하여 필요한 최소한의 정도를 넘어 임신한 여성의 자기결정권을 제한하고 있어 침해의 최소성을 갖추지 못하였고, 태아의 생명 보호라는 공익에 대하여만 일방적이고 절대적인 우위를 부여함으로써 법익균형성의 원칙도 위반하였으로, 과잉금지원칙을 위반하여 임신한 여성의 자기결정권을 침해한다.

그리고 우리는 우리가 뽑은 대통령을 탄핵하기도 하였습니다. '탄핵'이란 고위공직자의 직무상 중대한 위법행위에 대해 특별한 절차를 통하여 파면하는 제도를 말합니다. 헌정사 최초의 여성 대통령, 제18대 박근혜 대통령입니다. 다음은 헌법재판소 결정문 중 일부입니다.

결국 피청구인(박근혜)의 헌법과 법률 위배행위는 국민의 신임을 배반한 행위로서 헌법수호의 관점에서 용납될 수 없는 중대한 법 위배행위라고 보아야 한다. 피청구인의 법 위배행위가 헌법질서에 미치게 된 부정적 영향과 파급 효과가 중대하므로, 피청구인을 파면함으로써 얻는 헌법수호의 이익이 대통령 파면에 따르는 국가적 손실을 압도할 정도로 크다고 인정된다. 피청구인 대통령 박근혜를 파면한다.

법, 그리고 법, 다시 법.

이같이 법은 우리와 함께 밥을 먹고 함께 잠을 자며 함께 숨을 쉽니다. 떼려야 뗄 수 없지요. 저는 이미 법 없이는 살 수 없는 사람이 되었습니다. 여러분은 어떠신가요. 여러분 역시 법과 함께 살아가고 있습니다. 지금껏 제대로 인지하지 못했을 뿐, 그것은 누가 뭐라 해도 분명한 사실입니다.

그럼 이제 다시 이 책의 처음으로 되돌아갈 시간입니다. 다시 읽기. 더욱 '법며들', 법에 스며들 차례입니다.

참고문헌

김성돈, 『형법총론』, 성균관대학교출판부, 2021.

김성돈, 『형법각론』, 성균관대학교출판부, 2021.

김형배·김규완·김명숙, 『민법학강의』, 신조사, 2016.

성낙인, 『헌법학』, 법문사, 2021.

송덕수, 『신민법강의』, 박영사, 2021.

신동운, 『간추린 신형사소송법』, 법문사, 2021.

윤동호, 『한눈에 잡히는 형법총론』, 국민대학교출판부, 2017.

윤동호, 『한눈에 잡히는 형법각론』, 국민대학교출판부, 2017.

이재상·장영민·강동범, 『형법총론』, 박영사, 2019.

이재상·장영민·강동범, 『형법각론』, 박영사, 2021.

이재상·조균석·이창온, 『형사소송법』, 박영사, 2021.

이주원, 『형사소송법』, 박영사, 2021.

장영수, 『헌법학』, 홍문사, 2021.

지원림, 『민법강의』, 홍문사, 2021.

하태훈, 『사례판례중심 형법강의』, 법원사, 2021.

하태훈·김정철, 『형사법 사례연습』, 박영사, 2020.

허영, 『한국헌법론』, 박영사, 2021.

청소년, 교사, 학부모를 위한 즐거운 공부 시리즈

청소년을 위한 사진 공부
사진을 잘 찍는 법부터 이해하고 감상하는 법까지

홍상표 지음 | 128×188mm | 268쪽 | 13,000원

20여 년을 사진작가로 활동해온 저자가 사진의 탄생, 역사와 의미부터 사진 촬영의 단순 기교를 넘어 사진으로 무엇을, 어떻게 소통할지를 흥미롭고 재미있게 들려주는 책이다.

책따세 겨울방학 추천도서

청소년을 위한 시 쓰기 공부
시를 잘 읽고 쓰는 방법

박일환 지음 | 128×188mm | 232쪽 | 12,000원

시라는 게 무엇이고, 사람들이 왜 시를 쓰고 읽는지, 시와 일상은 서로 어떻게 연결되고 있는지, 실제로 시를 쓸 때 도움이 되는 이론과 방법까지 쉽고 재미있게 풀어내는 책이다.

행복한아침독서 '함께 읽어요' 추천도서

청소년을 위한 철학 공부
열두 가지 키워드로 펼치는 생각의 가지

박정원 지음 | 128×188mm | 252쪽 | 13,000원

시간과 나, 거짓말, 가족, 규칙, 학교, 원더랜드, 추리놀이, 소유와 주인의식, 기억과 망각 등 우리 삶과 떼려야 뗄 수 없는 주제로 독자들이 흥미롭고 재미있게 철학에 접근할 수 있도록 펴낸 길잡이 책이다.

청소년을 위한 보컬트레이닝 수업
제대로 된 발성부터 나만의 목소리로 노래 부르기까지

차태휘 지음 | 128×188mm | 248쪽 | 13,000원

건강하게 목소리를 사용하고 노래를 잘 부르기 위해 알아야 할 몸의 구조부터 호흡과 발성법, 연습곡의 선별 기준 등등 기본기를 확실히 익힐 수 있는 보컬트레이닝의 세계로 안내하는 책이다.

학교도서관저널 추천도서

청소년을 위한 리걸 마인드 수업
시민력을 기르는 법 이야기

류동훈 지음 | 128×188mm | 200쪽 | 15,000원

법학박사 류동훈 변호사와 함께하는 슬기로운 법 이야기! 헌법, 민법, 형법의 가장 기본적이며 기초적인 내용을 중심으로 자연스레 '리걸 마인드'를 습득할 수 있도록 안내하는 책이다.

학교도서관저널 추천도서

팬픽으로 배우는 웹소설 쓰는 법
청소년을 위한 소설 글쓰기의 기본

차운미 지음 | 128×188mm | 232쪽 | 12,000원

아이돌 팬픽을 소재로 누구나 쉽고 재미있게 소설 글쓰기에 다가갈 수 있도록 구성된 책으로, 내가 왜 글을 쓰는지, 내가 왜 세상의 반응을 궁금해하는지 등을 곰곰이 생각해볼 수 있다.

청소년, 교사, 학부모를 위한 즐거운 공부 시리즈

삶의 무기가 되는 속담 사전
544가지 속담으로 키우는 지식과 지혜

권승호 지음 | 128×188mm | 600쪽 | 20,000원

속담으로 보는 너와 나, 우리, 사회와 세상 이야기! 365일 마음공부 속담 사전! 속담은 나침반이고 보물창고이며 우리를 비추는 거울이다. 인간을 이해하고 우리 사회와 세상을 알아가는 데 도움이 되는 속담들을 엄선해 풀어냈다.

망우리공원 인물열전
대한민국 근현대사를 꿰뚫는 낙이망우 사색의 인문학

정종배 지음 | 153×180mm | 708쪽 | 33,000원

독립지사 등 유명인사들과 서민들, 정치깡패와 친일문제까지 대한민국 근현대사의 보고 망우리공원에 잠든 130여 인물들의 이야기를 오롯이 담아낸 교양 인물 사전이다. 너와 나, 우리를 위해 기억해야 할 역사의 이름들을 만나보자!

그림으로 배우는 지층의 과학
지구 땅속 활동을 속속들이 파헤친다!

모쿠다이 구니야스 글 | 사사오카 미호 그림 | 박제이 옮김
최원석 감수 | 148×210mm | 152쪽 | 15,000원

지층이란 무엇일까? 지층의 줄무늬는 왜 생길까? 지층의 이름은 어떻게 붙일까? 암석과 화석을 통해 알 수 있는 것은? 산이 무너지고 강이 흐르는 원리는? 등등, 흥미진진한 신비로운 지층의 세계를 재미있는 그림으로 알기 쉽게 설명하는 책이다.

학교도서관저널 추천도서

지노출판은 다양성을 지향하며 삶과 지식을 이어주는 책을 만듭니다.
jinobooks.com

체험학습으로 만나는 제주신화
청소년, 교사, 학부모를 위한
여연 글 | 김일영 사진 | 128×188mm | 244쪽 | 15,000원

인간과 자연에 대한 문화적 안목을 길러주는 '가장 생생한 제주여행' 안내서! 학생들의 체험학습부터 단체 수학여행, 가족과 함께하는 문화기행까지 제주의 산과 바다, 마을 길을 걸으며 창의력과 상상력의 보고 제주신화를 배우고 느낄 수 있게 해준다.

우리 아이 첫 음악 수업
현직 교사들이 알려주는 부모가 알아야 할 음악 교육의 모든 것
이준권. 정지훈 지음 | 142×215mm | 312쪽 | 18,000원

우리 아이 음치 탈출부터 음악 재능을 찾는 법까지, 즐기고 만끽하고 자존감을 높이는 오감만족 음악 공부! 아이와 부모가 행복하게 소통하는 슬기로운 음악 교육의 해법을 진솔하게 안내한다.

학교도서관저널 추천도서

사이언스 조크
과학 덕후들의 신묘한 지적 웃음의 세계
고타니 다로 글 | 문승준 옮김 | 128×188mm | 180쪽 | 15,000원

웃긴 수학자나 물리학자부터 천재 과학자의 엉뚱한 행동, 과학법칙의 기발한 패러디, 웃음을 참을 수 없는 유사과학, 연구와 과제로 신음하는 과학도들의 웃픈 이야기까지, 바야흐로, 과학을 조크로 즐길 때가 되었다!